浙江省特色专业建设项目成果
21 世纪高职高专能力本位型系列规划教材·经济贸易系列

进出口商品通关

主　编　王　巾　佘雪锋
副主编　李显戈　郑筱莹

北京大学出版社
PEKING UNIVERSITY PRESS

内 容 简 介

本书内容的安排以进出口商品通关任务为导向，打破了以知识体系为线索的常规编写体例，建立以职业技能、工作任务为体系的编写模式，设计了执业基础知识、入门技能训练、主要业务操作3篇：基础知识篇介绍报关、报关员、海关、外贸管制等知识，技能实训篇介绍商品编码、报关单填制技能，业务操作篇介绍一般货物和保税货物等通关操作技巧。

本书可作为高职高专院校货运与报关及相关专业的教材，也可作为社会相关行业从业人员的业务参考资料及培训用书。

图书在版编目(CIP)数据

进出口商品通关/王巾，佘雪锋主编．—北京：北京大学出版社，2013.5

(21世纪高职高专能力本位型系列规划教材·经济贸易系列)

ISBN 978-7-301-23079-4

Ⅰ.①进… Ⅱ.①王…②佘… Ⅲ.①进出口商品—海关手续—中国—高等职业教育—教材 Ⅳ.①F752.5

中国版本图书馆CIP数据核字(2013)第199130号

书　　名：进出口商品通关

著作责任者：王　巾　佘雪锋　主编

责 任 编 辑：蔡华兵

标 准 书 号：ISBN 978-7-301-23079-4/F·3724

出 版 发 行：北京大学出版社

地　　址：北京市海淀区成府路205号　100871

网　　址：http://www.pup.cn　新浪官方微博:@北京大学出版社

电 子 信 箱：pup_6@163.com

电　　话：邮购部62752015　发行部62750672　编辑部62750667　出版部62754962

印　刷　者：三河市北燕印装有限公司

经　销　者：新华书店

787毫米×1092毫米　16开本　12印张　279千字

2013年5月第1版　2013年5月第1次印刷

定　　价：25.00元

前　　言

本书根据实际工作调研总结，结合台州职业技术学院报关与国际货运专业的学习领域核心课程之一——“进出口商品通关”的教学经验编写而成。台州职业技术学院报关与国际货运专业从2008年开始，在课程专家的指导下与企业实践专家合作，共同开发出该专业的学习领域课程体系。

“进出口商品通关”课程内容政策性、操作程序性强，一般的教材都在报关员考试用书的基础上对知识进行梳理和串联编写而成。在实际中，报关工作是业务性、经验性非常强的工作，要求从业人员具有熟练的业务技能，能全面把握业务，能及时处理各类问题。本书的编写旨在打破以知识体系为线索的常规编写体例，建立以职业技能、工作任务为体系的编写模式。

本书内容的安排以不同监管类型货物通关为主线，设计了执业基础知识、入门技能训练、主要业务操作3篇内容，层次清晰，重难点突出。第一篇注重职业入门教育，介绍报关员所必需的基础知识，将职业岗位的工作环境、工作平台等先搬到教材中，为学生后面的认知学习和技能培训打下基础；第二篇将商品编码和报关单填制的入门技能串在一起，因为报关过程中商品归类和录入报关单是所有类型货物通关中必须掌握的技能；第三篇每一操作由任务导入，继而展开相关任务操作，既强调工作任务的整体性，又注重专项技能的训练，力图使学生通过自主学习独立地构建制订计划、解决问题的思路。

本书编写强调工学结合的教学理念，融入执业资格考证辅导的要点，每篇后的考试复习题取材于历年真题，使学生在学习知识的同时复习考试。

本书由台州职业技术学院王巾、佘雪锋担任主编，李显戈、郑筱莹担任副主编。本书编写分工为：王巾编写第一篇、第二篇、第三篇；李显戈、郑筱莹参与编写第三篇；佘雪锋审稿。

本书在编写过程中，得到了台州职业技术学院经贸系领导和其他教师的悉心指导和帮助，同时也得到了一些企业外贸业务专家的大力支持，在此一并表示衷心的感谢！

由于编者水平有限，加之编写时间仓促，所以书中难免存在疏漏和不妥之处，敬请广大读者批评指正。

编　者

2013年2月

目 录

第一篇

执业基础知识

ZHIYE JICHU ZHISHI

【学习目标】

(1) 明确报关工作的基本职责和海关职责，能配合海关开展各项业务。

(2) 能够办理报关单位和报关员的注册登记手续。

(3) 能借助工具书确定限制类进出口商品所需要的监管证件。

【任务背景】

林雨是2012年应届毕业生，通过了全国报关员资格考试，应聘到某国际货运代理公司工作。该公司主营国际货运代理，兼营报关、报检业务的企业，是海关管理A类企业。林雨向师傅王某了解如下情况：

（1）报关员是如何开展工作的。

（2）报关员和哪些部门打交道的。

师傅王某认为，林雨首先需要了解以下知识：

（1）报关与海关。

（2）报关单位与报关员。

（3）对外贸易管制。

知识一　认知报关和报关员工作

一、什么是报关

1. 报关的概念

报关是指进出口货物收发货人、进出境运输工具负责人、进出境物品的所有人或者他们的代理人向海关办理货物、物品或运输工具进出境手续及相关海关事务的过程。《中华人民共和国海关法》（下文简称《海关法》）第八条规定："进出境运输工具、货物、物品，必须通过设立海关的地点进境或出境。"因此，由设立海关的地点进出境并办理规定的海关手续是运输工具、货物、物品进出境的基本规则，也是进出境运输工具负责人、进出口货物收发货人、进出境物品的所有人应履行的一项基本义务。

2. 报关的分类

（1）按照报关的对象分类，报关可分为运输工具报关、货物报关和物品报关。

其中，进出境运输工具作为货物、人员及其携带物品的进出境载体，其报关主要是向海关直接交验能反映运输工具进出境合法性及其所承运货物、物品情况的合法证件、清单和其他运输单证，其报关手续较为简单。进出境物品由于其非贸易性质，且一般限于自用、合理数量，其报关手续也很简单。进出境货物的报关就较为复杂，将在后面的章节中详细阐述。

（2）按照报关的目的分类，报关分为进境报关和出境报关。

由于海关对运输工具、货物、物品的进境和出境有不同的管理要求，运输工具、货物、物品根据进境或出境的目的分别形成了一套进境报关和出境报关手续。

（3）按照报关的行为性质分类，报关可分为自理报关和代理报关。

自理报关是指进出口商自行办理报关纳税手续。代理报关是指进出口商人委托有资质的企业办理代理报关纳税手续。

代理报关又分为直接代理报关和间接代理报关，二者的比较见表1-1。

表1-1 直接代理报关和间接代理报关的比较

代理方式	行为属性	法律责任
直接代理报关	委托代理行为，以委托人名义报关	法律后果直接作用于委托人
间接代理报关	视同报关企业自己报关，以报关企业自己的名义报关	法律后果直接作用于报关企业

3. 报关的内容

1）进出境运输工具的报关

进出境运输工具报关的对象是用以载运人员、货物、物品进出境，在国际上运营的各种境内外船舶、车辆、航空器和驮畜。根据《海关法》规定，进出境运输工具负责人或其代理人在运输工具进入或驶离我国关境时均应如实向海关申报运输工具所载旅客人数、进出口货物数量、装卸时间等基本情况，经海关审核确认符合海关监管要求的，可以上下旅客、装卸货物。

进出境运输工具报关最主要的申报单证是进出境运输工具舱单(简称舱单)，舱单反映进出境运输工具所载货物、物品及旅客信息的载体，包括原始舱单、预配舱单、装(乘)载舱单，见表1-2。

表1-2 进出境运输工具舱单的内容

	进出境	具体内容
运输工具舱单申报	进境	(1) 进境运输工具载有货物、物品的，舱单传输人应当在规定时限向海关传输原始舱单主要数据，舱单传输人应当在进境货物、物品运抵目的港以前向海关传输原始舱单其他数据。海关接受原始舱单主要数据传输后，收货人、受委托的报关企业方可向海关办理货物、物品的申报手续 (2) 进境运输工具载有旅客的，舱单传输人应当在规定时限向海关传输原始舱单电子数据
	出境	(1) 出境运输工具预计载有货物、物品的，舱单传输人应当在办理货物、物品申报手续以前向海关传输预配舱单主要数据 (2) 以集装箱运输的货物、物品，出口货物发货人应当在货物、物品装箱以前向海关传输装箱清单电子数据。海关接受预配舱单主要数据后，舱单传输人应在规定时限向海关传输预配舱单其他数据 (3) 出境货物、物品运抵海关监管场所时，海关监管场所经营人应当以电子数据方式向海关提交运抵报告。运抵报告提交后，海关即可办理货物、物品的查验、放行手续。舱单传输人应在运输工具开始装载货物、物品前向海关传输装载舱单电子数据 (4) 出境运输工具预计载有旅客的，舱单传输人应当在出境旅客开始办理登机(船、车)手续前向海关传输预配舱单电子数据，并在旅客办理登机(船、车)手续后，运输工具上客以前向海关传输乘载舱单电子数据

2）进出境货物的报关

进出境货物报关的对象是进出境货物，主要包括一般进出口货物、保税货物、暂时(准)进出口货物、特定减免税货物、过境、转运和通运货物及其他进出境货物。具体内容将在后面讲解。

3）进出境物品的报关

进出境物品报关的对象是进出境的行李物品、邮递物品和其他物品。通过随身携带或邮政渠道进出境的货物要按货物办理进出境报关手续。海关对进出境物品监管的基本原则是“自用合理数量”。

(1) 进出境行李物品的报关。

世界大多数国家都规定旅客进出境采用“红绿通道制度”，我国也采用“红绿通道制度”。“绿色通道”(无申报通道)是指带有绿色标志的通道，适用于携运物品在数量上和价值上均不超过免税限额，且无国家限制或禁止进出境物品的旅客。“红色通道”(申报通道)适用于携运有应向海关申报物品的旅客。根据新的进出境旅客申报制度，选择绿色通道的旅客无需填写申报单，选择“无申报通道”报关；除海关免于监管的人员以及随同成人旅行的16周岁以下的旅客外，进出境旅客携带有应向海关申报物品的，须填写申报表。

【课堂思考】

目前深圳赴港实行“一签多行”，即等同于一年无限次往返香港。深圳李女士准备去香港游玩，并计划在港购买一部iPhone 5手机。她向朋友询问：iPhone 5是否需要缴税？

朋友A说：要缴税的，我们都是这么做的。

朋友B说：不用缴税，作为个人自用行李过境即可。

你认为哪种说法对？为什么？

(2) 进出境邮递物品的报关。

寄件人填写“报税单”(小包邮件填写“绿色标签”)，“报税单”和“绿色标签”随同物品通过邮政企业或快递公司呈递给海关。

(3) 进出境其他物品的报关。

① 暂时免税进出境物品。个人携带进出境的暂时免税进出境物品，须由携带者向海关做出书面申报，经海关批准登记，方可免税携带进出境，且应由本人复带出境或者复带进境。

② 享有外交特权和豁免权的外国机构或者人员进出境物品，如：外国驻中国使馆和使馆人员、外国驻中国领事馆、联合国及其专门机构和其他国际组织驻中国代表机构及其人员进出境的公务用品和自用物品。外国驻中国使馆和使馆人员进出境公用、自用物品应当以海关核准的直接需用数量为限。

知识链接

（1）公务用品是指使馆执行职务直接需用的进出境物品。

（2）自用物品是指使馆人员和与其共同生活的配偶及未成年子女在中国居留期间的生活必需用品。

③ 使馆和使馆人员因特殊需要携运中国政府或者限制进出境物品进出境的，应事先获得中国政府有关主管部门的批准。

④ 使馆和使馆人员首次进出境公用、自用物品前，应向主管海关办理备案手续，按规定以书面或者口头方式申报，填写《中华人民共和国海关外交公/自用物品进出境申报单》，向主管海关申请，并提交有关材料。

知识链接

有下列情形之一的，使馆和使馆人员的有关物品不准进出境：

（1）携运进境的物品超出海关核准的直接需用数量范围的。

（2）未依照规定向海关办理有关备案、申报手续的。

（3）未经海关批准，擅自将已免税进境的物品进行转让、出售等处置后，再次申请进境同类物品的。

（4）携运中国政府禁止或者限制进出境物品进出境，应当提交有关证件而不能提供的。

（5）违反海关关于使馆和使馆人员进出境物品管理规定的其他情形。

二、什么是报关工作

1. 报关工作内容

报关工作是沟通国内企业与海外市场的桥梁，是进出国门合法性的表现。从大处看，企业的通关速度意味着进出口贸易的规模与效率；从小处看，外贸企业从预计订单、进口原料、安排生产到仓库建账、成品出口、不良品和边角料管理，几乎所有关键环节都离不开报关工作的干预。

【课堂思考】

以下是一名报关员的工作日志。

工作记录一：将报关的内容输入到海关申报系统的终端里面，并打印出样单核对，确认商品 HS 编码归类是否正确、申报的货物价格是否合理，有无报价过低以逃避税费的嫌疑等。等海关审单中心审结电子数据后，我就打印出审结后的报关单，连同其他相关单证一起，递交给海关。

工作记录二：收到企业递交的报关资料后，认真审核商品 HS 编码是否准确。如果 HS 不准确，会影响到后面海关审核与通关，同时也影响到企业税费、批件等问题。

这名报关员的工作日志涉及报送工作的哪些内容？

2. 报关工作平台

报关工作平台一般分为通关类、政策咨询类、报关员管理及业务处理类等几种，下面主要介绍政策咨询类和业务处理类。

(1) 政策咨询类。例如，登录中华人民共和国商务部网站(http://www.mofcom.gov.cn/)，从该网站可以了解到最新外贸活动咨询、权威统计数据、与外贸活动相关的各类申请办理系统等，如图 1.1 所示。

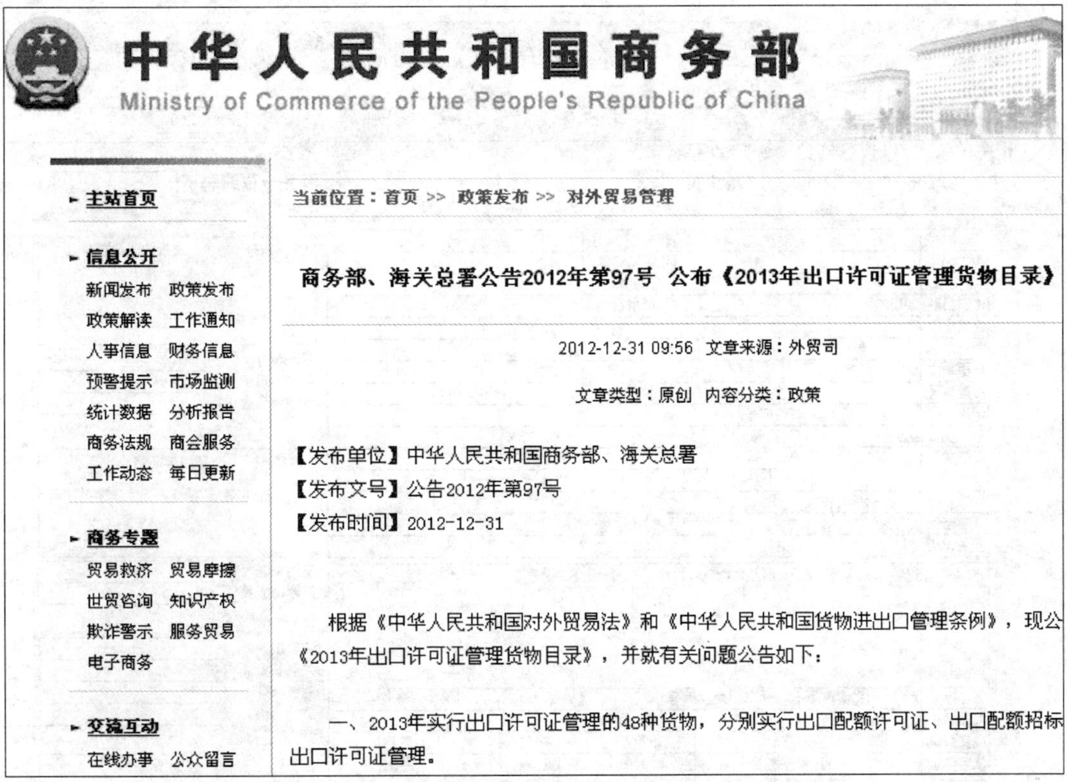

图 1.1 中华人民共和国商务部网站

(2) 业务处理类。包括各地海关企业办事系统，如宁波海关的业务管理平台(http://www.nbeport.gov.cn/nbhg/HQWebApp/SiteV3/Pages/SiteMap.aspx)，在该平台可以进行电子申报，可以进行预录入、编码查询等，并接受海关对报关员的管理，如图 1.2 所示。

① 预录入系统(图 1.3)。

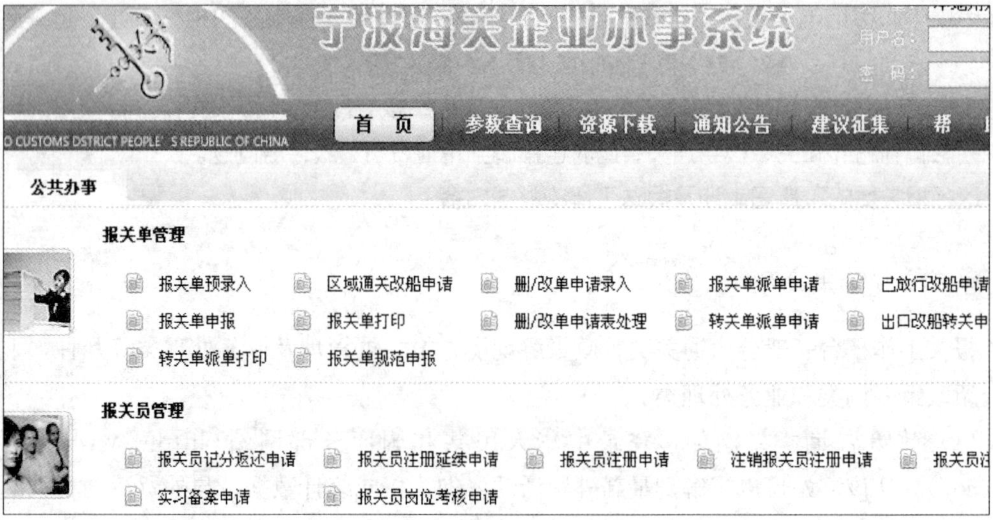

图 1.2　宁波海关业务管理平台

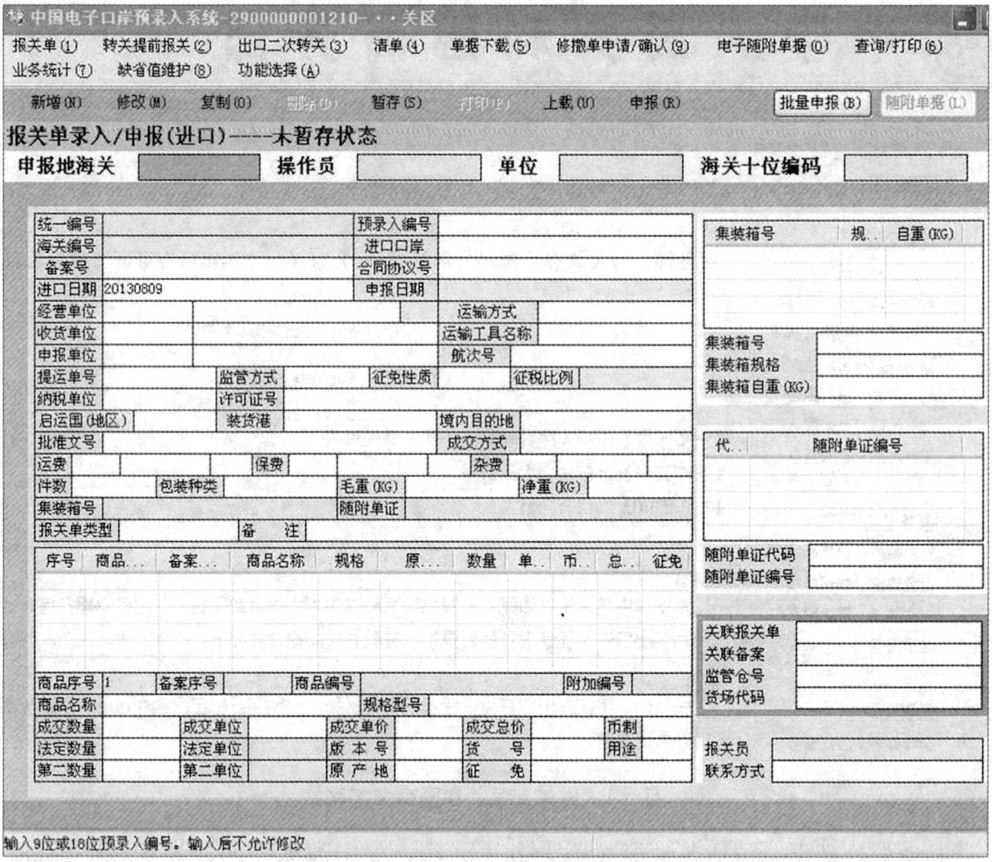

图 1.3　预录入系统

② 商品编码查询平台(http://www.nbedi.com/NBCPCAM/ClassifyQuery.aspx)。通过登录各地海关官方网站，找到相应的商品规范申报目录查询系统，报关员可以查询到商品税号、品名、申报要素等内容，如图 1.4 所示。

宁波海关进出口商品规范申报目录查询系统

商品税号 ____ 品 名 ____ 查询

序号	商品税号	商品名称	申报要素项数	申报要素内容
1	0101210010	改良种用濒危野马	0	是否改良种用
2	0101210010	改良种用濒危野马	1	品种
3	0101210010	改良种用濒危野马	2	其他
4	0101210090	其他改良种用马	0	是否改良种用
5	0101210090	其他改良种用马	1	品种
6	0101210090	其他改良种用马	2	其他
7	0101290010	非改良种用濒危野马	0	是否改良种用
8	0101290010	非改良种用濒危野马	1	品种

图 1.4 商品编码查询平台

知识链接

电子通关系统

1. 海关 H2000 通关系统

该系统是 H883/EDI 通关系统的全面更新换代项目，在集中式数据库的基础上建立了全国统一的海关信息作业平台。

2. 中国电子口岸系统

该系统又称口岸电子执法系统，简称电子口岸，是利用现代计算机信息技术，将与进出口贸易管理有关的政府部门分别管理的进出口业务信息电子底账数据集中存放在公共数据中心，为政府管理部门提供跨部门、跨行业联网数据核查，为企业提供网上办理各种进出口业务的国家信息系统。

电子口岸和 H2000 通关系统连接起来，构成了覆盖全国的进出口贸易服务和进出口贸易管理的信息网络系统。进出口企业在其办公室使用一台微机，用一张 IC 卡，就可以上网向海关及国家管理机关办理与进出口贸易有关的各种手续；同时，与进出口贸易有关的海关及国家管理机关也能在网上对进出口贸易进行有效管理。电子通关大大提高了海关管理的整体效能，也使进出口企业真正享受到简化报关手续的便利。

3. QP 系统

该系统将分散的多个系统进行有机整合，形成统一界面、统一授权的有机整体，企业可以足不出户地实现报关单位资格申请、行政许可申请、报关员注册登记、企业分类管理以及查询海关审批结果等操作，改变了企业多次往返海关递交材料的模式。可以说，QP 系统是在之前系统上进行更加综合、全面地整合，真正做到互联互通、信息数据有机共享的整体。

③ 放行查询平台（http://www. nbedi. com/nbeport _ h2000pd/HisSearch/UnRelease-Export. aspx）。在该平台可以查询到每票业务的放行工作，以及时做好装卸货的工作，如图 1.5 所示。

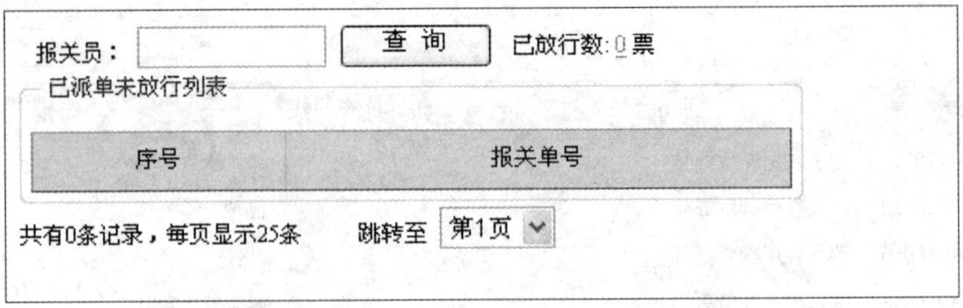

图 1.5　放行查询平台

【实战训练　报关员注册】

林雨从师傅王某那里了解到自己的公司是海关管理 A 类企业，他想进一步了解公司具备哪些条件才能被海关评定为 A 类企业？A 类企业能享受哪些便利？海关有哪些职能？同时，师傅王某提醒他 3 个月的实习期即将结束，要准备好向海关申请报关员资格。目前，林雨为取得报关员证准备了以下材料：

（1）报关员注册申请书。

（2）申请人所在报关单位的报关企业登记证书或者收发货人登记证书复印件。

（3）报关员资格证书复印件。

（4）身份证复印件。

请根据报关员证申请的要求，判断林雨是否有资格申请报关员证、他的资料是否齐全。请分组讨论。

知识二　认知海关的性质、任务和职责

一、海关的性质

《海关法》第二条规定：“中华人民共和国海关是国家的进出关境监督管理机关”。这一规定明确了海关的性质，包括以下含义：

（1）海关是国家行政机关，是国务院的直属机构，是代表国家对进出境的运输工具、货物、物品的进出境活动进行监督管理的行政执法机关。

（2）海关是国家进出关境监督管理机关。海关实施监督管理的范围是进出关境及与之有关的活动；海关实施监督管理的对象是所有进出关境的运输工具、货物、物品。

（3）海关的监督管理活动是国家行政执法活动。海关执法的依据是《海关法》和其他有

关法律、行政法规。海关总署也可以根据法律和国务院的法规、决定、命令制定规章，作为执法依据的补充。省、市、自治区、直辖市人民代表大会和人民政府不得制定海关法律、规范，其指定的地方法规、规章也不是海关执法的依据。

二、海关的任务

依据《海关法》，海关的基本任务有包括监督管理进出境的运输工具、货物、行李物品、邮递物品和其他物品，征收关税和其他税费，查缉走私，编制海关统计等。

(1) 监管。海关监管是海关最基本的任务，是依法对进出境运输工具、货物、物品进出境活动所实施的一种行政管理，是海关全部行政执法活动的统称。

(2) 征税。征税工作包括征收关税和进口环节海关代征税(代征税包括增值税和消费税)。征税依据是《海关法》和《关税条例》(全称《中华人民共和国关税条例》)。

(3) 查缉走私。国家实行联合缉私，统一处理，综合治理的缉私体制，海关是打击走私的主管机关。除海关以外，公安、工商、税务、烟草专卖等也有查缉走私的权利，但这些部门查获的走私案件必须按法律规定，统一处理。

(4) 编制海关统计。海关统计是以实际进出口货物作为统计和分析的对象，进出境物品超过自用、合理数量的，列入海关统计。

四项基本任务是一个统一的有机联系的整体。当今，知识产权保护、反倾销、反补贴调查等也成为海关的重要任务。

三、海关的职责

1. 海关的权力

海关的权力是指国家为保证海关依法履行职责，通过《海关法》和其他法律、行政法规赋予海关的对进出境运输工具、货物、物品的监督管理权能。除了一般行政权力的单方面性、强制性和无偿性等基本特征外，海关权力还具有以下特点：

(1) 特定性。任何其他机关和个人都不具备行使这种权力的资格，同时这种权力只适用于进出境监督管理领域，而不能在其他领域行使。

(2) 独立性。海关依法独立行使职权，向海关总署负责。

(3) 效力先行性。海关行政行为一旦做出，就应推定符合法律规定，对海关本身和海关管理相对人均具有约束力。

(4) 优益性。国家为保障海关有效地行使权力而赋予海关职务上、物质上的优异条件。

海关的权力包括行政审批权、税费征收权、行政检查权、行政强制权、行政处罚权、其他权力(佩戴武器权、连续追缉权、行政裁定权、行政奖励权)等。

其中，行政检查权包括检查权，查验权，施加封志权，查阅、复制权，查问权，查询权，稽查权，见表1-3。

表 1-3　海关行政检查权的行使

对象	区域	行使内容
进出境运输工具	“两区”内	可直接检查
	“两区”外	
有走私嫌疑的运输工具	“两区”内	可直接检查
	“两区”外	经直属海关关长或其授权的隶属海关关长批准方可检查
有藏匿走私货物、物品嫌疑的场所	“两区”内	可直接检查
	“两区”外	(1) 在调查走私案件时，经直属海关关长的批准或其授权的隶属海关关长批准方可检查 (2) 不能检查公民住处
走私嫌疑人	“两区”内	可直接检查
	“两区”外	不能行使

行政强制权包括扣留权，提取货物变卖、先行变卖权，强制扣缴权和变价抵缴关税权，抵缴、变价抵缴罚款权，其他特殊行政强制等，见表 1-4。

表 1-4　海关行政强制权的行使

对象	区域	行使内容
违反《海关法》或其他法律、法规的进出境运输工具、货物、物品以及合同、发票等	“两区”内	直接扣留
	“两区”外	
有走私嫌疑的进出境运输工具、货物、物品	“两区”内	经直属海关关长或其授权的隶属海关关长批准可以扣留
	“两区”外	对其中有证据证明有走私嫌疑的，可以扣留
走私犯罪嫌疑人	“两区”内	经直属海关关长或其授权的隶属海关关长批准可以扣留 时间 24 小时，特殊情况可延长至 48 小时

2. 海关的管理体制

1）海关的设关原则

海关的设关原则是在对外开放的口岸和海关监管业务集中的地点设立海关。

知识链接

(1) 对外开放的口岸是指由国务院批准，允许运输工具及所载人员、货物、物品直接出入国(关)境的港口、机场、车站以及允许运输工具、人员、货物、物品出入国(关)境的边境通道。我国规定，在对外开放的口岸必须设置海关、出入境检验检疫机构。

（2）海关监管业务集中的地点指虽非国务院批准对外开放的口岸，但是海关某类或者某几类监管业务比较集中的地方，如转关运输监管、保税加工监管等。

2）海关的组织机构

海关实行高度集中统一的垂直领导体制，因此海关机构设置(设立不受行政区划限制)分为 3 级：海关总署→直属海关→隶属海关，如图 1.6 所示。

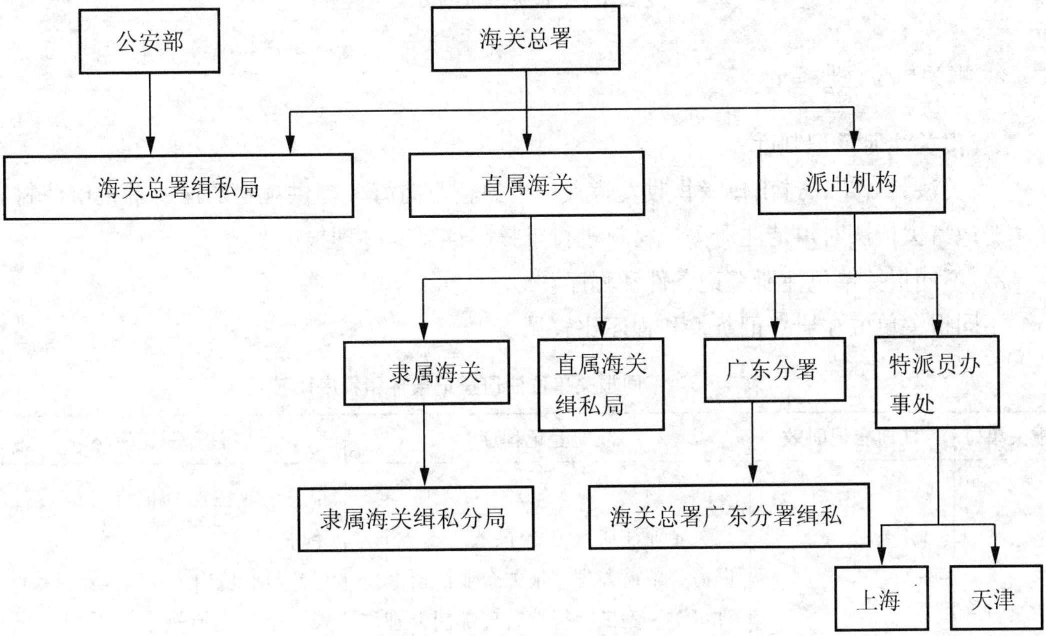

图 1.6　海关的组织结构图

海关缉私警察是专司打击走私犯罪活动的警察队伍，由海关总署、公安部联合组建走私犯罪侦察局，设在海关总署，实行海关总署和公安部双重领导、以海关领导为主的体制。

知识三　海关对报关单位、报关员的管理

一、报关单位管理

1. 报关单位及其类型

报关单位是指依法在海关注册登记的进出口货物收发货人和报关企业。《海关法》明确规定了对向海关办理进出口货物报关手续的进出口货物收发货人、报关企业实行注册登记管理制度。依法向海关注册登记是法人、其他组织或者个人成为报关单位的法定要求。

报关单位的分类如图 1.7 所示。

- 报关单位
  - 进出口货物收发货人（自理报关）
    - 有进出口经营权（有登记备案表）
    - 无进出口经营权（无登记备案表，从事非贸易性活动）
  - 报关企业（代理报关）
    - 货运代理公司（可直接代理，也可间接代理）
    - 专业报关行

图 1.7　报关单位的分类

2. 报关单位注册登记

1）报关注册登记制度

《海关法》规定，进出口货物收发货人、报关企业向海关提供规定的注册登记申请材料，经注册地海关依法对申请注册登记材料进行审核，准予其办理报关业务。

2）不同报关单位注册登记条件和程序

不同报关单位注册登记条件和程序比较见表 1－5。

表 1－5　不同报关单位注册登记条件和程序比较

报关单位	注册登记时效	注册登记程序	注册登记资格
报关企业	必须具备有规定的设立条件并取得海关报关注册登记许可，有效期 2 年	报关企业注册登记程序： 向海关申请办理“报关企业注册登记许可”—到工商行政管理部门办理许可经营项目登记—到所在地海关办理注册登记手续 （1）第一个步骤：向所在地直属海关公布的受理申请的海关提出申请 （2）第二个步骤：海关对申请的处理 （3）第三个步骤：海关受理申请后，进行审查，于受理注册登记许可申请之日起 20 日内审查完毕，并将材料报送直属海关，直属海关自收到接受审定的海关报送的审查意见之日起 20 日内做出决定 （4）第四个步骤：直属海关做出准予或不准予注册登记许可的书面决定	报关企业注册登记许可应具备的条件： （1）具有境内企业法人资格条件 （2）企业注册资本不低于人民币 150 万元 （3）具有健全的组织机构和财务管理制度 （4）报关员人数不少于 5 名 （5）投资者、报关业务负责人、报关员无走私记录 （6）报关业务负责人具备 5 年以上从事对外贸易工作经验或者报关工作经验 （7）无因走私违法行为被海关撤销注册登记许可记录 （8）有符合从事报关服务所必需的固定经营场所和设施 （9）海关监管所需的其他条件

续表

报关单位	注册登记时效	注册登记程序	注册登记资格
进出口货物收发货人	只需向对外贸易主管部门备案登记，直接向海关办理报关单位注册登记手续(备案制)，有效期3年	直接向海关申请办理报关单位注册登记手续	(1) 企业法人营业执照副本复印件 (2) 对外贸易经营者登记备案表复印件 (3) 企业章程复印件 (4) 税务登记证书副本复印件 (5) 银行开户证明复印件 (6) 组织机构代码证书副本复印件 (7) 报关单位情况登记表、报关单位管理人员情况登记表 (8) 其他与注册登记有关的文件材料

对于按照国家规定需要从事非贸易性进出口活动的企业，海关允许对这样的企业办理临时注册登记手续，海关不核发《注册登记证书》，仅出具《临时报关单位注册登记证明》，有效期是7天。

3) 报关单位跨关区分支机构注册登记许可规定

报关单位异地办理跨关区分支机构注册登记许可的前提条件如下：

(1) 报关单位取得《报关注册登记证书》之日起满2年。

(2) 报关单位从申请之日起最近2年没有因走私受过处罚。

(3) 每申请一项跨关区分支机构注册登记许可，应当要增加注册资本人民币50万元，申请办理跨关区分支机构注册登记许可与报关单位本部申请注册登记许可主要的区别在于报关员的人数，报关单位本部报关员人数不少于5人，跨关区分支机构报关员人数不少于3人。

报关单位异地分支机构注册登记流程如图1.8所示。

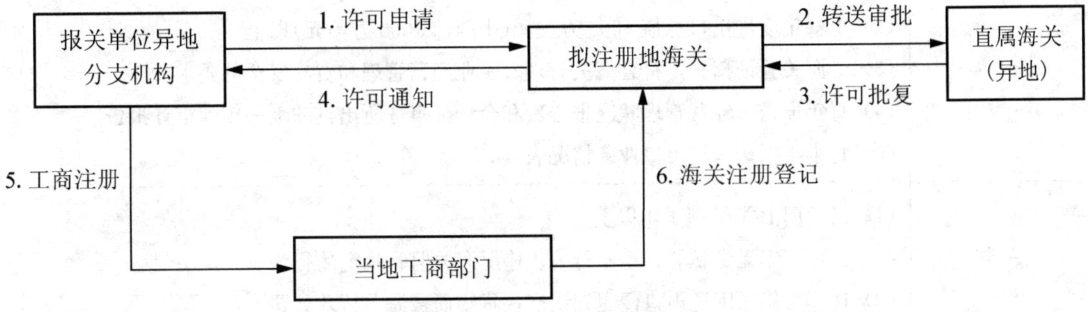

图1.8 报关单位异地分支机构注册登记流程

3. 报关单位的报关行为规则

1）进出口货物收发货人的报关行为规则

（1）地域范围为中华人民共和国关境内的各个口岸或者海关监管业务集中的地点。

（2）只能办理本单位的报关业务，不能代理其他单位报关。

（3）可以委托海关准予注册登记的报关企业，由报关企业所属的报关员代为办理报关业务。

（4）办理报关业务时，向海关递交的纸质进出口货物的报关单必须加盖本单位在海关备案的报关专用章。

（5）对其所属报关员的报关行为承担相应的法律责任。

2）报关单位的报关行为规则

（1）报关单位报关服务的地域范围为在依法取得注册登记许可的直属海关关区内各口岸或者海关监管业务集中的地点从事报关服务。

（2）在同一直属海关关区，从一个隶属海关到另一个隶属海关办理业务，应在拟从事报关服务的口岸或者海关监管业务集中的地点依法设立分支机构，并且在开展报关服务前按规定向直属海关备案。

（3）跨关区(在不同直属海关关区办理业务)应当依法设立分支机构，并且向拟注册登记地海关申请报关单位分支机构注册登记许可。获得注册登记许可后，才能办理注册登记，才能设立分支机构。

4. 海关对报关单位的分类管理

1）分类及其管理标准

海关对报关单位的分类管理标准见表1-6。

表1-6　海关对报关单位的分类管理标准

进出口货物收发货人	分类管理标准
AA类	（1）已适用A类管理1年以上 （2）上一年度进出口总值3000万美元(中西部1000万美元)以上 （3）经海关验证稽查，符合海关管理、企业经营管理和贸易安全的要求 （4）每年报送《经营管理状况报告》和会计师事务所出具的上一年度审计报告 （5）每半年报送《进出口业务情况表》
A类	（1）已适用B类管理1年以上 （2）连续1年无走私罪、走私行为、违反海关监管规定的行为 （3）连续1年未因进出口侵犯知识产权货物而被海关行政处罚 （4）连续1年无拖欠应纳税款、应缴罚没款项情事

续表

进出口货物收发货人	分类标准
A类	(5) 上一年度进出口总值50万美元以上 (6) 上一年度进出口报关差错率3%以下 (7) 会计制度完善、业务记录真实、完整 (8) 主动配合海关管理，及时办理各项海关手续，向海关提供的单据、证件真实、齐全、有效 (9) 每年报送《经营管理状况报告》 (10) 按照规定办理《中华人民共和国海关进出口货物收发货人报关注册登记证书》的换证手续和相关变更手续 (11) 在商务、人民银行、工商、税务、质检、外汇、监察等行政管理部门和机构无不良记录
B类	(1) 首次注册登记的 (2) 首次注册登记后，管理类别未发生调整的 (3) AA类企业不符合原管理类别适用条件，并且不符合A类管理类别适用条件的 (4) A类企业不符合原管理类别适用条件的 (5) 未发生C类和D类情况的
C类	(1) 有走私行为的 (2) 1年内有3次以上违反海关监管规定行为，或者1年内因违反海关监管规定被处罚款累计总额人民币50万元以上的 (3) 1年内有2次因进出口侵犯知识产权货物而被海关行政处罚的 (4) 拖欠应纳税款、应缴罚没款项人民币50万元以下的
D类	(1) 有走私罪的 (2) 1年内有2次以上走私行为的 (3) 1年内有3次以上因进出口侵犯知识产权货物而被海关行政处罚的 (4) 拖欠应纳税款、应缴罚没款项人民币50万元以上的

2）分类调整情况

(1) AA类或者A类企业涉嫌走私案件被立案侦查或者调查的，海关暂停其与管理类别相应的管理措施，暂停期内，按照B类企业的管理措施实施管理。

(2) 企业仅名称或者海关注册编码发生变化的，其管理类别可以继续适用，但是有下列情形之一的，按照下列方式调整：

① 企业发生存续分立，分立后的存续企业继承分立前企业的主要权利义务或者债权债务关系的，其管理类别适用分立前企业的管理类别，其余的分立企业视为首次注册企业。

② 若企业发生解散分立，分立企业视为首次注册企业。

③ 若企业发生吸收合并，合并企业管理类别适用合并后存续企业的管理类别。

④ 若企业发生新设合并，合并企业视为首次注册企业。

（3）报关企业代理进出口货物收发货人开展报关业务，海关按照报关企业和进出口货物收发货人各自适用的管理类别分别实施相应的管理措施。

因企业的管理类别不同导致与应当实施的管理措施相抵触的，海关按照下列方式实施：

① 报关企业或者进出口货物收发货人为C类或者D类的，按照较低的管理类别实施相应的管理措施。

② 报关企业和进出口货物收发人均为B类及以上管理类别的，按照报关企业的管理类别实施相应的管理措施。

（4）加工贸易经营企业与承接委托加工的生产企业管理类别不一致的，海关对该加工贸易业务按照较低的管理类别实施相应的管理措施。

（5）跨关区分支机构报关企业。调整管理类别时，对进出口报关单及进出境备案清单总量、报关差错量、拖欠应纳税款和应缴罚没款项等，以该报关企业及其各分支机构之和计算。

由于跨关区分支机构原因产生的刑事、行政及拖欠应纳税款、应缴罚没款项等法律后果，注册企业管理类别调整时，仅作用于该分支机构和设立分支机构的报关企业，而不作用于其他跨关区分支机构。

3）分类管理措施的实施

（1）对A类企业，海关将实施“属地报关、口岸验放”，优先派员到企业结合生产或装卸环节实施查验，业务现场优先办理货物申报、查验、放行手续，在进口货物起运后抵港前或出口货物运入海关监管场所前提前办理报关手续，优先安排在非工作时间和节假日办理加急通关手续，按规定实行银行保证金台账“空转”或不实行银行保证金台账制度，优先办理加工贸易备案、变更、报核等手续，优先办理报关注册登记手续，优先组织对报关员的报关业务培训和岗位考核等一系列通关便利措施。

（2）对AA类企业，除享受A类通关便利措施外，海关还将实行信任放行，指派专人负责协调解决企业办理海关事务的疑难问题，报关单电子数据经电子审核后直接进入现场验放环节办理复核、验放手续，对进出口货物一般不予开箱查验等通关便利措施。

（3）对B类企业适用常规管理措施，而对C、D类企业，海关则要在审单、查验、核查等通关、加工贸易业务开展和后续管理环节实行严密的监管措施。

二、报关员管理

报关员是指依法取得报关员从业资格，并在海关注册，向海关办理进出口货物报关业务的人员。

1. 报关员注册

1）注册条件

申请报关员注册，须同时具备以下3个基本条件：

（1）必须具有中华人民共和国国籍。

（2）必须通过报关员资格全国统一考试，取得报关员资格证书。

知识链接

（1）报关员资格考试的报名条件：

① 具有中华人民共和国国籍。

② 年满18周岁，具有完全民事行为能力。

③ 具有大专及以上学历。

（2）有下列情形之一的不得报名参加考试，已经办理报名手续的，报名无效：

① 因故意犯罪，受到刑事处罚的。

② 因在报关活动中发生走私或严重违反海关规定的行为，被海关依法取消报关从业资格的。

③ 在考试中发生作弊行为，被海关取消考试成绩，或其有其他违规行为，被海关以作弊论处，不满3年的。

（3）必须与所在报关单位建立劳动合同关系或者聘用合同关系。

注意：首次申报，应经过在一个报关单位连续3个月的报关业务实习；再次申报，注册有效期届满后连续2年未注册，应经过海关报关业务岗位考核合格。

知识链接

申请人有下列情形之一的，海关不予报关员注册：

（1）不具有完全民事行为能力的。

（2）因故意犯罪受刑事处罚的。

（3）被海关取消报关从业资格的。

申请人有下列情形之一的，海关暂缓报关员注册：

（1）被海关暂停执业期间注销报关员注册的。

（2）被海关暂停执业期间有效期届满的。

（3）记分达到规定分值的，未参加海关组织的报关业务岗位考核或者考核不合格，注销报关员注册的。（规定分值为30分）

（4）记分达到规定分值的，未参加海关组织的报关业务岗位考核或者考核不合格，注册有效期届满的。

2）注册程序

申请报关员注册，由申请人本人提出。如果委托本单位代为提出申请的，应当出具授权委托书。

(1) 注册受理单位为所在地直属海关。

(2) 注册申请应提交的材料包括报关员注册申请书、申请人所在报关单位的报关企业登记证书或者收发货人登记证书复印件、报关员资格证书复印件、与所在报关单位签订的合法有效的劳动合同复印件(非企业性质为聘用合同复印件或人事证明)、身份证件复印件、所在报关单位为其交纳社会保险证明复印件、首次申报注册的，还应提交报关单位出具的报关业务实习证明材料。海关对首次申请报关员注册人员的实习实行备案制度，实习单位与首次申请注册的单位应为同一报关单位。

(3) 注册决定的作出及报关员证的颁发。符合法定条件的，做出准予报关员注册的决定，并在做出决定之日起 10 日内向申请人颁发报关员证。

(4) 注册有效期为 2 年。

(5) 注册的变更、延续。注册变更的内容：报关员姓名、身份证件号码等身份资料、所在报关单位名称、海关编码。注册变更的期限为变更事实发生之日起的 20 日内(向注册地海关书面申请)。注册延续的相关规定如下：

① 报关员证的有效期为 2 年，在有效期届满 30 日前向海关提出。准予延期的，延期的期限是 2 年。

② 报关员在被海关暂停执业期间有效期届满，需要延续有效期的，应当在有效期届满 30 日前到海关申请暂缓办理报关员注册延续，并在暂停执业期满后 30 日内提出延期报关员注册的申请。

2. 报关员的权利、义务和法律责任

1) 权利与义务

报关员的权利包括以下方面：

(1) 以所在报关单位名义执业，办理报关业务。

(2) 向海关查询其办理的报关业务情况。

(3) 拒绝海关工作人员的不合法要求。

(4) 对海关对其做出的处理决定享有陈述、申辩、申诉的权利。

(5) 依法申请行政复议或者提起行政诉讼。

(6) 合法权益因海关违法行为受到损害的，依法要求赔偿。

(7) 参加执业培训。

报关员的义务包括以下方面：

(1) 熟悉所申报货物的基本情况，对申报内容和有关材料的真实性、完整性进行合理审查。

(2) 提供齐全、正确、有效的单证，准确、清楚、完整填制进出口货物报关单，并按有关规定办理进出口货物的报关手续。

(3) 海关检查进出口货物时，配合海关查验。

(4) 配合海关稽查和对涉嫌走私违规案件的查处。

(5) 按照规定参加直属海关或者直属海关授权组织举办的报关业务岗位考核。

(6) 持报关员证办理报关业务，海关核对时，应当出示。

(7) 妥善保管海关核发的报关员证和相关文件。

(8) 协助落实海关对报关单位管理得具体措施。

知识链接

报关员不得有以下行为：

(1) 故意制造海关与报关单位、委托人之间的矛盾和纠纷。

(2) 假借海关名义、以明示或者暗示的方式向委托人索要委托合同约定以外的酬金或者其他财物、虚假报销。

(3) 同时在 2 个或者 2 个以上报关单位执业。

(4) 私自接受委托办理报关业务，或者私自收取委托人酬金及其他财物。

(5) 将报关员证转借或者转让他人，允许他人持本人报关员证执业。

(6) 涂改报关员证。

(7) 其他利用执业之便谋取不正当利益的行为。

2) 法律责任

(1) 报关员因工作疏忽造成应当申报的项目未申报或者申报不实的，海关可以暂停其 6 个月以内报关执业，情节严重的，取消从业资格。

(2) 被海关暂停报关执业，恢复从事有关业务后 1 年内再次被暂停报关执业的，海关可以取消其报关从业资格。

(3) 非法代理他人进行报关或者超出海关准予的从业范围的，处 5 万元以下罚款，暂停其 6 个月以内报关执业，情节严重的，取消从业资格。

(4) 向海关工作人员行贿的，取消其从业资格，并处 10 万元以下罚款。构成行贿罪的，不得重新取得报关从业资格。

(5) 海关对于未取得报关从业资格从事报关业务的(无证从业)，予以取缔，没收违法所得，可以并处 10 万元以下罚款。

(6) 提供虚假资料骗取海关注册登记、报关从业资格的，取消其报关从业资格，并处 30 万元以下罚款。

(7) 海关予以警告，并处人民币 2000 元以下罚款的情形：有报关员执业禁止行为的；报关员海关注册内容发生变更；未按规定向海关办理变更手续的。

3. 报关员的记分考核管理

1) 对象

报关员记分考核管理的对象是在职报关员。

2）性质

报关员记分考核管理是一种教育和管理措施，不是行政处罚。报关员因为向海关工作人员行贿或有违反海关监管规定、走私行为等其他违法行为，由海关处以暂停执业、取消报关从业资格处罚的，不适用《记分考核管理办法》，而是按照《海关行政处罚实施条例》等规定处理。

3）记分管理部门

报关员记分考核管理部门是海关企业管理部门。

4）记分管理量化标准

计分周期：每年1月1日至12月31日止。

一次记分的分值为1分、2分、5分、10分、20分、30分的情形分别见表1-7。

表1-7　记分管理量化标准

记1分	记2分	记5分	记10分	记20分	记30分
(1)填制不规范 (2)放行前修改 (3)未按规定盖章 (4)未按规定签字	(1) 放行前撤销 (2)拒不解释、拒不提供样品	(1)放行后修改、撤销(因出口更换仓单的除外) (2)未在规定期限现场交单 (3)报关相差金额100万元以下、数量相差4位数以下	(1)报关相差金额100万元以上、数量相差4位数以上 (2)出借、借证、涂证	违规行为	走私行为

5）记分考核管理的救济途径

报关员自收到电子或纸质告知单之日起7日内可向做出该记分行政行为的海关提出书面申辩，海关应当在接到申辩申请7日内做出答复。

6）岗位考核

记分达30分的报关员，海关中止其报关员证效力，不再接受其报关。报关员应当参加注册地登记地海关的报关业务岗位考核，经岗位考核合格之后，方可重新上岗。

【实战训练　进出口批件的准备】

林雨在完成报关员注册之后，得到了海关发给的报关员证和IC卡，可以开展业务了。近日，他根据公司安排，要为某太阳能灯出口代理报关业务。在拿到企业的合同、提单、发票、装箱单等资料后，林雨迫不及待地在H2000系统中录入电子报关单，但这个时候，师傅王某告诉他，首先要检查一下这批太阳能灯出口的单证是否齐全。林雨纳闷了，除了现有的合同、装箱单、发票这些以外，还需要别的单证吗？

知识四 对外贸易管制

一、什么是对外贸易管制

1. 对外贸易管制的概念

对外贸易管制是政府的一种强制性行政管理行为，是指一国政府为了国家的宏观经济利益、国内外政策需要以及履行所缔结或加入国际条约的义务，确立实行各种制度、设立相应管理机构和规范对外贸易活动的总称。实现对外贸易管制的重要手段就是海关监管。

知识链接

实现对外贸易管制的模式主要有以下两种：

（1）其他政府部门发证，进出口人领证。

（2）海关验放通关时查证。

到货、报关时，应当交证而不能提交的，通常按照“无证到货”处理。

对外贸易管制目的是为了保护本国经济利益、发展本国经济，推行本国的外交政策，以及行使国家职能。

2. 我国对外贸易管制的基本框架和法律体系

1）对外贸易管制的基本框架

我国对外贸易管制制度是一种综合管理制度，主要由下列制度构成：海关监管制度；关税制度；对外贸易经营者管理制度；进出口许可制度；出入境检验检疫制度；进出口货物收付汇管理制度；贸易救济制度。

2）对外贸易管制的法律体系

对外贸易管制涉及的法律渊源只限于宪法、法律、行政法规、部门规章、国际条约，不包括地方性法规、规章，也不包括各民族自治区政府的地方条例和单行条例。对外贸易管制的法律体系中有：法律，如《中华人民共和国对外贸易法》；行政法规，如《中华人民共和国货物进出口管理条例》；部门规章，如《货物进出口许可证管理办法》；国际条约、协定，如《关于消耗臭氧层物质的蒙特利尔议定书》。

二、我国货物、技术进出口许可管理制度

1. 禁止进出口管理

1）禁止进口货物管理

（1）列入《禁止进口货物目录》的商品。

第一批：禁止进口这些商品是为了保护我国的自然生态环境和生态资源，履行我国所缔结或者参加的国际条约、协定。例如，禁止进口破坏臭氧层物质的四氯化碳、禁止进口属世界濒危物种管理范围的犀牛角、麝香、虎骨等。

第二批：旧机电产品类产品。

第三批、第四批、第五批：涉及的是对环境有污染的固体废物类。

第六批：为保护人的健康，维护环境安全，淘汰落后产品。例如，长纤维青石棉、二噁英等。

（2）国家有关法律、法规明令禁止进口的商品。

来自动植物疫情流行的国家和地区的有关动植物及其产品和其他检疫物。

动植物病原及其他有害生物、动物尸体、土壤。

带有违反“一个中国”原则内容的货物及其包装。

以氯氟羟物质为制冷剂、发泡剂的家用电器产品和以氯氟羟物质为制冷工质的家用电器用压缩机。

滴滴涕、氯丹等。

莱克多巴胺和盐酸莱克多巴胺。

（3）其他各种原因停止进口的商品。

以 CFC－12 为制冷工质的汽车及以 CFC－12 为制冷工质的汽车空调压缩机（含汽车空调器）。

旧衣服。

Ⅷ因子制剂等血液制品。

氯酸钾、硝酸钾。

2）禁止进口技术管理

根据《中华人民共和国对外贸易法》、《中华人民共和国技术进出口管理条例》以及《禁止进口限制进口技术管理办法》的有关规定，国务院外经贸主管部门会同国务院有关部门，制定、调整并公布禁止进口的技术目录。属于禁止进口的技术，不得进口。

目前，我国禁止进口的技术涉及钢铁冶和有色冶金、化工、石油炼制、石油化工、消防、电工、轻工、印刷、医药、建材生产技术等技术领域，以保护国有经济。

3）禁止出口货物管理

（1）列入《禁止出口货物目录》的商品。

第一批：保护我国的自然生态环境和生态资源，根据我国是所缔结或者参加的国际条约、协定，需要禁止出口的货物名称。例如，四氯化碳、犀牛角、麝香、虎骨、发菜、麻黄草等。

第二批：保护我国匮乏的森林资源，如木炭。

第三批：保护人的健康，维护环境安全，淘汰落后产品，如长纤维青石棉、二恶英等。

第四批：主要包括硅砂、石英砂及其他天然砂。

第五批：包括无论是否经化学处理过的森林凋落物以及泥炭(草炭)。

(2) 国家有关法律、法规明令禁止出口的商品。

未定名的或者新发现并有重要价值的野生植物。

原料血浆。

商业性出口的野生红豆杉及其部分产品。

劳改产品。

以氯氟羟物质为制冷剂、发泡剂的家用电器产品和以氯氟羟物质为制冷工质的家用电器用压缩机。

滴滴涕、氯丹等。

莱克多巴胺和盐酸莱克多巴胺。

4) 禁止出口技术管理

我国禁止出口技术的参考原则如下：

(1) 为维护国家安全、社会公共利益或公共道德，需要禁止出口的。

(2) 为保护人的健康或安全，保护动物、植物的生命或健康，保护环境，需要禁止出口的。

(3) 依据法律、行政法规的规定，其他需要禁止出口的。

(4) 根据我国缔结或参加的国际条约、协定的规定，其他需要禁止出口的。

2. 限制进出口管理

1) 限制进口货物

我国限制进口货物管理按照其管理方式划分为许可证件管理和关税配额管理。

(1) 许可证件管理是指进口货物进需要向国家商务主管部门申领许可证件，凭许可证件办理海关手续。许可证件管理的实施包括：进口许可证、两用物项和技术进口许可证、濒危物种进口、限制类可利用固体废物进口、药品进口、音像制品进口、有毒化学品进口、黄金及其制品进口。

(2) 关税配额管理是指一定时期内(一般是 1 年)，国家对部分商品的进口制定关税配额税率并规定该商品进口数量总额。在限额内，经国家批准后允许按照关税配额税率征税进口；如超出限额则按照配额外税率征税进口的措施。关税配额管理是一种利用税率的差异来限制进口数量的相对管理。

2) 限制进口技术

限制进口技术管理实行目录管理，属于目录范围内的限制进口技术，实行许可证管理。经营限制进口技术的经营者在向海关申报进口手续时，必须主动递交由国务院商务主管部门颁发的《中华人民共和国技术进口许可证》，凭以向海关办理进口通关手续。

3）限制出口货物

国家规定有数量限制的出口货物实行配额管理；其他限制出口货物实行非配额管理，即许可证件管理。

（1）出口配额限制是一种绝对的数量限制，配额的取得分直接分配和招标两种形式。申请者取得配额证明后，凭配额证明到国务院商务主管部门或其授权发证机关申领出口许可证；否则不得出口配额管理的货物。

（2）非出口配额限制管理主要包括出口许可证、濒危物种出口、两用物项出口、黄金及其制品出口等许可管理。

4）限制出口技术

对于出口属于列入限制出口技术的，应当向商务主管部门提出技术出口申请，获得批准后取得技术出口许可证件，凭以向海关办理通关手续。

3. 自由进出口管理

除国家禁止、限制进出口货物、技术外的其他货物、技术，均属于自由进出口范围。

国家对部分属于自由进口的货物实行自动进口许可管理，对自由进出口的技术实行技术进出口合同登记管理。

1）货物自动进口许可管理

自动进口许可管理是在任何情况下对进口申请一律予以批准的进口许可制度，通常用于国家对这类货物的统计和监督。在进口前，经营者需要向有关主管部门提交自动进口许可申请，凭相关部门发放的《自动进口许可证》向海关办理报关手续。

2）技术进出口合同登记管理

属于自由进出口的技术，应当向国务院商务主管部门或者其委托的机构办理合同备案登记，国务院商务主管部门应当自收到规定的文件之日起3个工作日内对技术进口合同进行登记，颁发技术进出口合同登记证，申请人凭技术进出口合同登记证，办理外汇、银行、税务、海关等相关的手续。

三、其他贸易管制制度

1. 对外贸易经营资格管理制度

我国对外贸易经营者的管理实行备案登记制。对外贸易经营者依法定程序在商务主管部门备案登记，取得对外贸易经营资格后，方可在国家允许的范围内从事对外贸易经营活动。

对外贸易经营者应在本地区备案登记机关办理备案登记，登记程序如下：

（1）领取《对外贸易经营者备案登记表》（以下简称《登记表》）。对外贸易经营者可以通过商务部网站下载，或到所在地备案登记机关领取《登记表》。

（2）填写《登记表》，并由企业法定代表人或个体工商负责人签字、盖章。

（3）向备案登记机关提交如下备案登记材料。

①《登记表》。

② 营业执照复印件。

③ 组织机构代码证书复印件。

④ 对外贸易经营者为外商投资企业的，还应提交外商投资企业批准证书复印件。

⑤ 依法办理工商登记的个体工商户(独资经营者)，须提交合法公证机构出具的财产公证证明；依法办理工商登记的外国(地区)企业，须提交经合法公证机构出具的资金信用证明文件。

备案登记机关应自收到对外贸易经营者提交的上述材料之日起 5 日内办理备案登记手续，在《登记表》上加盖备案登记印章。

2. 出入境检验检疫制度

我国出入境检验检疫制度的主管部门是国家质量监督检验检疫总局。

1) 出入境检验检疫的职责范围

(1)《出入境检验检疫机构实施检验检疫的进出境商品目录(2009 年)》(下文简称《法检目录》)列名的商品称为法定检验商品，即国家规定要求实施强制性检验的进出境商品。

(2) 对于法定检验以外的进出境商品，检验检疫机构可以抽查的方式予以监督管理。

(3) 对关系国计民生、价值较高、技术复杂或涉及环境卫生、疫情标准的重要进出口商品，在出口国装运前进行预检验、监造或监装，以及保留到货后最终检验和索赔的条款。

列入《法检目录》以及其他法律、法规规定需要检验检疫的货物进出口时，在办理进出口通关手续前，必须先向口岸检验检疫机构报检。海关凭《入境货物通关单》或《出境货物通关单》验放，实行“一批一证制”。

2) 出入境检验检疫制度的组成

我国出入境检验检疫制度内容包括进出口商品检验制度、进出境动植物检疫制度、国境卫生监督制度。

(1) 进出口商品检验制度。我国实行进出口商品检验制度是为了保证进出口商品的质量，维护对外贸易有关各方的合法权益，促进对外贸易的顺利发展。商品检验分为四类：法定检验、合同检验、公证鉴定、委托检验。商检的商品根据情况按国家强制性标准或合同约定标准进行检验。

(2) 进出境动植物检疫制度。实施进出境动植物检疫是为了防止动植物传染病，寄生虫病，植物危险性病、虫、杂草以及其他有害生物传入、传出国境，保护农、林、牧、渔业生产和人体健康，促进对外经济贸易的发展。检疫的内容有进境检疫、出境检疫、过境检疫、进出境携带和邮寄物检疫以及出入境运输工具检疫等。

(3) 国境卫生监督制度。国境卫生监督制度是指出入境检验检疫机构根据规定在进出口口岸对出入境的交通工具、货物、运输容器以及口岸辖区的公共场所、环境、生活设施、生产设备所进行的卫生检查、鉴定、评价和采样检验的制度。国境卫生监督制度实施的目的是防止传染病由国外传入或者由国内传出，实施国境卫生检疫，保护人体健康。

3. 进出口货物收付汇管理制度

出口货物收汇管理和进口付汇管理采取的都是外汇核销形式。自 2012 年 8 月 1 日起，我国取消出口收汇核销单(以下简称核销单)，企业不再办理出口收汇核销手续，办理出口报关时不再提供核销单。企业申报出口退税时，也不再提供核销单，税务局参考外汇局提供的企业出口收汇信息和分类情况，依据相关规定审核企业出口退税。

外汇局对企业的贸易外汇管理方式由现场逐笔核销改变为非现场总量核查。外汇局通过货物贸易外汇监测系统，全面采集企业货物进出口和贸易外汇收支逐笔数据，定期比对、评估企业货物流与资金流总体匹配情况，便利合规企业贸易外汇收支；对存在异常的企业进行重点监测，必要时实施现场核查。

外汇局根据企业贸易外汇收支的合规性及其与货物进出口的一致性，将企业分为A、B、C三类。A类企业进口付汇单证简化，可凭进口报关单、合同或发票等任何一种能够证明交易真实性的单证在银行直接办理付汇，出口收汇无需联网核查；银行办理收付汇审核手续相应简化。对B、C类企业在贸易外汇收支单证审核、业务类型、结算方式等方面实施严格监管，B类企业贸易外汇收支由银行实施电子数据核查，C类企业贸易外汇收支须经外汇局逐笔登记后办理。

4. 贸易救济措施

贸易救济措施包括反补贴措施、反倾销措施、保障措施。反补贴措施、反倾销措施是针对价格歧视行为而采取的措施；保障措施是针对进口产品数量激增的情况采取的措施。

1）反补贴措施

反补贴措施包括临时反补贴措施和最终反补贴措施。

初裁决定补贴成立并由此对国内产业造成损害的，可采取临时反补贴措施。临时反补贴措施采取以保证金或者保函作为担保的征收临时反补贴税的形式。自临时反补贴措施决定公告规定实施之日起，临时反补贴措施的实施不超过4个月。

对终裁决定确定倾销成立并由此对国内产业造成损害的，可以征收反补贴税。

2）反倾销措施

反倾销措施包括临时反倾销措施和最终反倾销措施。

临时反倾销措施是指被调查产品的进口方政府经反倾销调查后，初步认定存在倾销并且认定倾销给其国内产业造成了损害，而对外国进口产品采取的临时限制进口的措施。这一措施的主要形式包括征收临时反倾销税和要求提供现金保证金、保函或其他形式的担保两种。

临时反倾销措施实施的期限为自临时反倾销措施决定公告规定实施之日起，不超过4个月，特殊情况可以延长至9个月。

最终反倾销措施是指对终裁决定倾销成立并由此对国内产业造成损害的，可以征收反倾销税。

3）保障措施

在有明确证据证明进口产品数量激增、将对国内产业造成难以补救的损害的紧急情况下，可以采取临时保障措施。其期限为自临时保障措施决定公告规定实施之日起，不得超过200天，此期限计入保障措施总期限。

最终保障措施可以采取提高关税、数量限制等形式。保障措施的实施期限一般不超过4年，特殊情况可延长，但保障措施全部实施期限不得超过10年。

四、我国对外贸易管制的主要管理措施

1. 进出口许可证管理

1）管理范围

进出口许可证管理的主管部门是商务部。许可证的发证机关包括商务部配额许可证事务局、商务部驻各地特派员办事处、地方发证机构[包括各省、自治区、直辖市、计划单列市以及商务部授权的其他省会城市的商务厅(局)、外经贸委(厅、局)]。

2012年实施进口许可证管理的货物有消耗臭氧层物质和重点旧机电产品两类。其中，重点旧机电产品的发证机关是商务部配额许可证事务局，消耗臭氧层物质的发证机关是各地方发证机构。在京中央管理企业的进口由商务部配额许可证事务局签发许可证。

2012年实行出口许可证管理的商品有49种，分为出口配额许可证管理商品、出口配额招标管理商品、出口许可证管理商品3类。

(1) 实行出口配额许可证管理的货物：小麦、玉米、大米、小麦粉、玉米粉、大米粉、棉花、锯材、活牛(对港澳)、活猪(对港澳)、活鸡(对港澳)、煤炭、焦炭、原油、成品油、稀土、锑及锑制品、钨及钨制品、锌矿砂、锡及锡制品、白银、铟及铟制品、钼、磷矿石。

(2) 实行出口配额招标管理的货物：蔺草及蔺草制品、碳化硅、滑石块(粉)、镁砂、矾土、甘草及甘草制品。

(3) 实行出口许可证管理的货物：活牛(对港澳以外市场)、活猪(对港澳以外市场)、活鸡(对港澳以外市场)、冰鲜牛肉、冻牛肉、冰鲜猪肉、冻猪肉、冰鲜鸡肉、冻鸡肉、消耗臭氧层物质、石蜡、锌及锌基合金、部分金属及制品、铂金(以加工贸易方式出口)、汽车(包括成套散件)及其底盘、摩托车(含全地形车)及其发动机和车架、天然砂(含标准砂)、钼制品、柠檬酸、维生素C、青霉素工业盐、硫酸二钠。

发证机构分为3种情况：配额许可证事务局负责玉米、小麦、棉花、煤炭、原油、成品油等6类商品发证；各地特派员办事处负责大米、玉米粉、锯材、活牛、焦炭、稀土、锑及锑制品等26类商品；地方发证机构负责消耗臭氧层物质、石蜡等11类商品。

2）办理程序

(1) 进口消耗臭氧层物质以及实行出口许可证管理的商品。在组织进出口该类商品前，经营者应事先向主管部门申领进(出)口许可证，可通过网上和书面两种形式申领。发证机构自收到符合规定的申请之日起3个工作日内发放进(出)口许可证。特殊情况下，进口许可证最多不超过10个工作日。

(2) 进口重点旧机电产品。经营者应事先向许可证局申领进口许可证，可通过网上和书面两种形式申领。进口许可证应由旧机电产品进口的最终用户提出申请，并且申请企业具备从事重点旧机电产品用于翻新(含再制造)的资质。许可证局应在正式受理后20日内决定是

否批准进口申请；如需征求相关部门或行业协会意见的，商务部应在正式受理后35日内决定是否批准进口申请。

3）报关规范

（1）进口许可证的有效期为1年，当年有效。特殊情况需跨年度使用时，有效期最长不得超过次年3月31日，逾期自行失效。

（2）出口许可证的有效期最长不得超过6个月，且有效期截止时间不得超过当年12月31日。

（3）进出口许可证一经签发，不得擅自更改证面内容。

（4）进出口许可证实行“一证一关”，一般情况实行“一批一证”。如要实行“非一批一证”，发证机关在签发许可证时应在许可证的备注栏中注明“非一批一证”字样，但使用最多不超过12次。

（5）对实行“一批一证”进出口许可证管理的大宗、散装货物，以出口为例，溢短装数量在货物总量5%以内予以免证，其中原油、成品油在货物总量3%以内予以免证。“非一批一证”的，在最后一批货物出口时，应按该许可证实际剩余数量溢装上限，即5%(原油、成品油溢装上限为3%)以内计算免证数额。

2. 两用物项和技术进出口许可管理

两用物项是指军民两用的敏感物项和易制毒化学品。两用物项和技术是指敏感物项和技术、易制毒化学品和其他的总称。其中，敏感物项和技术包括核、核两用物项，技术、生物两用物项，技术、化学两用物项，技术、监控化学品和导弹相关物项和技术；易制毒化学品指可用于制造毒品的化学品。

两用物项和技术进出口许可管理的主管部门是商务部。两用物项和技术进出口许可证的发证机关是商务部配额许可证事务局、受商务部委托的省级商务主管部门。

1）管理范围

对于列入《两用物项和技术进出口许可证管理目录》内的两用物项和技术，统一实行两用物项和技术进出口许可证管理。如出口经营者拟出口的物项和技术存在被用于大规模杀伤性武器及其运载工具的风险，无论是否列入目录，都应办理两用物项和技术出口许可证。

2）办理程序

经营者在进出口前获得相关行政主管部门批准文件后，凭批准文件到所在地发证机构申领两用物项和技术进出口许可证(在京的企业向商务部配额许可证事务局申领)。

两用物项和技术进出口许可证实行网上申领。

发证机构收到相关行政主管部门批准文件和相关材料并经核对无误后，应在3个工作日内签发两用物项和技术进口或出口许可证。

3）报关规范

（1）进出口时经营者应当主动向海关出具有效的两用物项和技术进出口许可证。

（2）若海关对于进出口的货物是否属于两用物项和技术提出质疑，经营者应按规定向主管部门申请进口或者出口许可，或者向商务主管部门申请办理不属于管制范围的相关证明。

(3) 两用物项和技术进口许可证实行“非一批一证”和“一证一关”制；两用物项和技术出口许可证实行“一批一证”和“一证一关”制。

(4) 两用物项和技术进出口许可证有效期一般不超过1年，跨年度使用时，在有效期内只能使用到次年3月31日，逾期发证机构将根据原许可证有效期换发许可证。

3. 自动进口许可证管理

自动进口许可证管理的主管部门是商务部。自动进口许可证的发证机关包括商务部配额许可证事务局、商务部驻各地特派员办事处、各省、自治区、直辖市、计划单列市商务主管部门、地方机电产品进出口机构。

1) 管理范围

进口《2013年自动进口许可管理货物目录》内的商品，报关时应提交相应的自动进口许可证，但下列情形下免交：

(1) 加工贸易项下进口并复出口的(原油、成品油除外)。

(2) 外商投资企业作为投资进口或者投资额内生产自用的(旧机电产品除外)。

(3) 货样广告品、实验品进口，每批次价值不超过5000元人民币的。

(4) 暂时进口的海关监管货物。

(5) 进入保税区、出口加工区等海关特殊监管区域及进入保税仓库、保税物流中心的属自动进口许可管理的货物。

(6) 加工贸易项下进口的不作价设备，监管期满后留在原企业使用的。

(7) 国家法律法规规定其他免领进口许可证的。

2) 办理程序

(1) 进口属于自动进口许可管理的货物，收货人在办理海关报关手续前，应向所在地或相应的发证机构提交自动进口许可证申请，并取得自动进口许可证。

(2) 收货人可通过书面申请，也可通过网上申请。发证机构自收到符合规定的申请后，应当予以签发自动进口许可证，最多不超过10个工作日。

(3) 已申领的自动进口许可证如未使用，应当在有效期内交回发证机构，并说明原因。

(4) 自动进口许可证如有遗失，应书面报告挂失。原发证机构经核实无不良后果的，予以重新补发。

(5) 对于自动进口许可证自签发之日起1个月后未领证的，发证机构予以收回并撤销。

3) 报关规范

(1) 自动进口许可证有效期为6个月，但仅限公历年度内有效。

(2) 自动进口许可证实行“一批一证”管理，对部分货物可实行“非一批一证”管理。对实行“非一批一证”管理的，在有效期内可以分批次累计报关使用，但累计使用不得超过6次。

(3) 对实行“一批一证”的自动进口许可证管理的大宗、散装货物，溢装数量在货物总量5%内予以免证；原油、成品油、化肥、钢材在总量3%内予以免证。“非一批一证”的，在最后一批货物进口时，应按该自动进口许可证实际剩余数量的允许溢装上限，即5%(原油、成品油、化肥、钢材的允许溢装上限为3%)以内计算免证数额。

4. 固体废物进口管理

1）管理范围

固体废物是指《中华人民共和国固体废物污染环境防治法》管理范围内的废物，即在生产建设、日常生活和其他生活中产生的污染环境的废弃物资，包括工业固体废物、城市生活垃圾、危险废物、液态废物、置于容器中的气态废物。

固体废物进口管理的主管部门是环境保护部。

国家禁止进口不能用作原料的固体废物，限制进口可以作为原料的固体废物。对未列入《限制进口类可用作原料的固体废物目录》及《自动进口许可管理类可用作原料的废物目录》的固体废物，禁止进口。

2）办理程序

国家对进口可用作原料的固体废物的国内收货人及国外供货商实行注册登记制度。国外供货商应当取得国务院质量监督检验检疫部门颁发的注册登记证书。

(1) 固体废物利用单位向环境保护部提出废物进口申请并获取《固体废物进口许可证》后才能组织进口。

(2) 进口固体废物在境外起运前，应当由国务院质量监督检验检疫部门指定的装运前检验机构实施装运前检验，检验合格后出具装运前检验证书。

(3) 进口固体废物运抵口岸后，口岸检验检疫机构凭环保部签发的废物进口许可证、装运前检验证书及其他必要单证受理报检，检验合格的，向报检人出具《入境货物通关单》。

(4) 海关凭《固体废物进口许可证》、《入境货物通关单》及其他必要单据办理通关手续。

3）报关规范

(1) 废物进口许可证当年有效，因故未在当年使用完的，企业可以提出延期申请。发证机关扣除已使用的数量后，重新签发许可证，并在备注栏注明“延期使用”和原证号，并且只能延期一次，延期最长不超过60天。

(2) 废物进口许可证实行“一证一关”，一般实行“非一批一证”管理。

(3) 对废金属、废塑料、废纸进口实施分类运输管理，不得与其他非重点固体废物及不属于固体废物的货物混合装运于同一集装箱内。

(4) 海关特殊监管区域和场所单位不得以转口货物为名存放进口固体废物。

5. 进口关税配额管理

1）实施关税配额管理的农产品

2012年实施进口关税配额管理的农产品包括小麦、玉米、稻谷和大米、棉花、食糖、羊毛及毛条。主管部门是商务部、国家发展改革委。

(1) 农产品进口关税配额为全球关税配额。海关凭商务部、发展改革委各自授权机构向最终用户发放的，并加盖“商务部农产品进口关税配额证专用章”或“国家发展和改革委员会农产品进口关税配额证专用章”的《农产品进口关税配额证》办理验放手续。

(2)《农产品进口关税配额证》实行“非一批一证”制，最终用户需分批进口的，凭证可多次办理通关手续，直至海关核准栏填满为止。农产品进口关税配额证的有效期为每年1月1日起至当年的12月31日，如需延期，应向原发证机构申请办理换证，但延期最迟不得超过下一年2月底。

(3) 农产品进口关税配额的申请期为每年10月15日至30日，商务部、发改委分别在申请期前1个月在《国际商报》、《中国经济导报》及两部门网站上公布每种农产品下一年度进口关税配额总量，关税配额申请条件及产品的税则和适用税率。商务部公布并由商务部授权机构负责受理本地区申请的商品为：食糖、羊毛、毛条。发改委公布并由发展改革委授权机构负责受理本地区内申请的商品为：小麦、玉米、大米、棉花。

(4) 农产品进口关税配额根据申请者的申请数量和以往进口实绩、生产能力、其他相关商业标准或根据先来先领的方式进行分配。

2) 实施关税配额管理的工业品

2012年实施进口关税配额管理的工业品包括尿素、磷酸氢二铵、复合肥3种农用肥料。主管部门是商务部。

(1) 化肥进口关税配额为全球配额。关税配额内化肥进口时，海关凭进口单位提交的《化肥进口关税配额证明》，按配额内税率征税，并验放货物。

(2) 商务部负责在化肥进口关税总量内，对化肥进口关税配额进行分配。商务部于每年的9月15日至10月14日公布下一年度的关税配额数量。申请单位应在当每年的10月15日至10月30日向商务部提出化肥关税配额的申请，商务部于每年12月31日前将化肥关税配额分配到进口用户。

知识链接

以上5种主要贸易管制措施的报关规范总结见表1-8。

表1-8 主要贸易管制措施报关规范

<table>
<tr><th>许可证件</th><th>办理部门</th><th>有效期</th><th>使用管理</th><th>备注</th></tr>
<tr><td>进口许可证</td><td rowspan="2">商务部配额许可证事务局、商务部驻各地特派员办事处、地方发证机构</td><td>1年，当年有效，最迟延期至次年3月31日</td><td rowspan="2">“一证一关”，一般情况实行“一批一证”</td><td rowspan="2">“非一批一证”时使用最多不超过12次
大宗、散装货物可小幅溢短装</td></tr>
<tr><td>出口许可证</td><td>不得超过6个月，当年有效</td></tr>
<tr><td>两用物项和技术进口许可证</td><td rowspan="2">许可证事务局、商务部委托的省级商务主管部门</td><td rowspan="2">1年，当年有效，最迟延期至次年3月31日</td><td>“非一批一证”和“一证一关”</td><td rowspan="2">凭批准文件才能申领两用物项和技术进出口许可证</td></tr>
<tr><td>两用物项和技术出口许可证</td><td>“一批一证”和“一证一关”</td></tr>
</table>

续表

<table>
<tr><th>许可证件</th><th>办理部门</th><th>有效期</th><th>使用管理</th><th>备注</th></tr>
<tr><td>自动进口许可证</td><td>商务部配额许可证事务局、商务部驻各地特派员办事处、地方发证机构、地方机电产品进出口机构</td><td>6 个月，当年有效</td><td>“一批一证”，对部分货物“非一批一证”</td><td>“非一批一证”时使用最多不超过 6 次
大宗、散装货物可小幅溢短装</td></tr>
<tr><td>固体废物进口许可证</td><td>环境保护部</td><td>当年有效。延期最长不超过 60 天，只能延期一次</td><td>“一证一关”，一般实行“非一批一证”</td><td>需要在境外进行装运前检验</td></tr>
<tr><td>农产品进口关税配额证</td><td>商务部、发展改革委各自授权机构</td><td>当年有效，延期最迟不超过次年 2 月底</td><td>“非一批一证”</td><td rowspan="2">申请期为每年 10 月 15 日至 30 日</td></tr>
<tr><td>化肥进口关税配额证明</td><td>商务部授权机构</td><td>有效期为 3 个月，当年有效。延期或者变更的，须重新办理</td><td>—</td></tr>
</table>

6. 密码产品和含有密码技术的设备进口许可证管理

国家对密码产品和含有密码技术的设备实行限制进口管理。国家密码局会同海关总署公布《密码产品和含有密码技术的设备进口管理目录》，以签发密码进口许可证的形式对该类产品实施进口限制管理。

1） 管理范围

密码产品和含有密码技术的设备进口管理范围是列入目录内以及虽暂未列入目录但含有密码技术的进口商品。列入目录内的商品包括 6 类：加密传真机、加密电话机、加密路由器、非光通信加密以太网络交换机、密码机、密码卡。

2） 报关规范

在组织密码产品和含有密码技术的设备进口前，应事先向国际密码管理局申领密码进口许可证。

（1） 免于提交密码进口许可证的情形：加工贸易项下为复出口而进口的；由海关监管，暂时进口后复出口的；从境外进入特殊监管区域和保税监管场所的，或特殊区域保税监管场所之间进出的。

（2）从海关特殊监管区域、保税监管场所进入境内区外，需交验密码进口许可证。

（3）进口单位知道或者应当知道其所进口商品含有密码技术，但暂未列入目录的，也应当申领密码进口许可证。

（4）在进口环节发现应当提交而未提交密码进口许可证的，海关按有关规定进行处理。

7. 野生动植物种进出口管理

中华人民共和国濒危物种进出口管理办公室是野生动植物种进出口管理的主管部门，按《进出口野生动植物种商品目录》签发“公约证明”、“非公约证明”或“物种证明”。

1）“非公约证明”管理范围及报关规范

对列入《进出口野生动植物种商品目录》中属于我国自主规定管理的野生动植物产品，进出口时应办理“非公约证明”。

无论以何种方式进口列入上述目录的野生动植物及其产品，均须事先申领“非公约证明”。“非公约证明”实行“一批一证”制度。

2）“公约证明”管理范围及报关规范

“公约证明”是用来证明对外贸易经营者经营列入《进出口野生动植物种商品目录》中属于《濒危野生动植物种国际贸易公约》成员国应履行保护义务的物种合法进出口的证明文件。

无论以何种方式进口列入上述管理范围的野生动植物及其产品，均须事先申领“公约证明”。“公约证明”实行“一批一证”制度。

3）“物种证明”适用范围及报关规范

“物种证明”由国家濒危物种进出口管理办公室指定的机构进行认定并出具。

列入《进出口野生动植物种商品目录》中适用“公约证明”、“非公约证明”管理的《濒危野生动植物种国际贸易公约》附录及国家重点保护野生动植物以外的其他列入商品目录的野生动植物及相关货物或物品和含野生动植物成分的纺织品，均须事先申领“物种证明”。

该报关规范包括以下方面：

（1）“物种证明”不得转让或倒卖，不得涂改、伪造。

（2）“物种证明”分为“一次使用”和“多次使用”两种。一次使用的，有效期自签发之日起不得超过6个月。多次使用的，只适用同一物种、同一货物类型、同一报关口岸多次进出口的野生动植物，有效期截至发证当年12月31日，持证者须于次年1月31日之前将上一年度使用多次“物种证明”进出口有关野生动植物标本的情况汇总上报发证机关。

（3）经营者须按“物种证明”规定范围进出口野生动植物，超越许可范围的申报行为，海关不予受理。

（4）海关对进出口列入《进出口野生动植物种商品目录》的商品以及含野生动植物成分的纺织品是否为濒危野生动植物种提出质疑的，经营者应按海关要求申领相关证明，否则海关不予办理有关手续。

（5）对进出境货物或物品包装或说明中标注含有目录所列野生动植物成分的，经营者应主动、如实申报，海关按实际含有该野生动植物的商品进行监管。

8. 进出口药品管理

进出口药品管理的主管部门是国家食品药品监督管理局。

药品必须由国务院批准的允许药品进口的口岸进口。目前允许进口药品的口岸包括北京、天津、上海、大连、青岛、成都、武汉、重庆、厦门、南京、杭州、宁波、福州、广州、深圳、珠海、海口、西安、南宁19个城市所在地直属海关所辖关区口岸。

进出口药品管理属于国家限制进出口管理范畴，实行分类和目录管理。进出口药品从管理角度分为：进出口麻醉药品、进出口精神药品、进出口兴奋剂、进口一般药品。

(1)《精神药品管制品种目录》和《麻醉药品管制品种目录》所列药品进出口时，均须取得国家食品药品监督管理局核发的《精神药品进出口准许证》或《麻醉药品进出口准许证》，凭以向海关办理报关手续。精神药品和麻醉药品的进出口准许证仅限在该注明的口岸海关使用，并实行"一批一证"制度。

(2) 列入国家体育总局颁布的《兴奋剂目录》7类药品包括：蛋白同化制剂品种、肽类激素品种、麻醉药品品种、刺激剂(含精神药品)品种、药品类易制毒化学品品种、医疗用毒性药品品种、其他品种。国家对其中的"蛋白同化剂"和"肽类激素"分别实行"进口准许证"和"出口准许证"管理，海关凭此证验放，进出口单位应事先向国家食品药品监督管理局申领。"进口准许证"有效期1年，"出口准许证"有效期不超过3个月(有效期时限不跨年度)。"进出口准许证"实行"一证一关"。个人因医疗需要携带或邮寄这两类商品的，凭医疗机构处方予以验放。

(3) 国家对一般药品进口的管理实行目录管理。国家食品药品监督管理局授权的口岸药品检验所以签发《进口药品通关单》的形式对列入目录管理的药品实行进口限制管理。进口药品通关单仅限在该单注明的口岸海关使用，并实行"一批一证"制度。

9. 美术品进出口管理

文化部负责对美术品进出口经营活动的审批管理，海关负责对美术品进出境环节进行监管。美术品进出口管理也是一种限制进出口管理措施。

我国对美术品进出口实行专营，经营美术品进出口的企业必须在商务部门备案登记，取得进出口资质。

在美术品进出口前，经营企业应向美术品进出口口岸所在地的省级文化行政部门提出申请，并提交有关的资料。向海关申报进出口时，应主动提交美术品进出口批准文件及其他有关单据。

同一批已经批准进口或出口的美术品复出口或复进口，进出口单位可持原批准文件正本到原进口或出口口岸海关办理相关手续，文化行政部门不再重复审批。

10. 音像制品进口管理

新闻出版总署负责全国音像制品进口的监督管理和内容审查等工作。县级以上地方人民政府新闻出版行政部门依照相关办法负责本行政区域内的进口音像制品的监督管理工作。各级海关在其职责范围内负责音像制品进口的监督管理工作。

音像制品成品进口业务由新闻出版总署批准的音像制品成品进口单位经营。未经批准，任何单位或者个人不得从事音像制品成品进口业务。

国家对进口音像制品实行许可管理制度，进口单位应在进口前报新闻出版总署进行内容审查，审查批准取得《进口音像制品批准单》后方可进口。

进口音像制品批准单的内容不得更改，如需修改，应重新办理。进口音像制品批准单一次报关使用有效，不得累计使用。其中，属于音像制品成品的，批准单当年有效；属于用于出版的音像制品的，批准单有效期限为1年。

对随机器设备同时进口以及进口后随机器设备复出口的记录操作系统、设备说明、专用软件等内容的音像制品，海关凭进口单位提供的合同、发票等有效单证验放。

11. 其他货物进出口管理

其他货物进出口管理措施见表1-9。

表1-9　其他货物进出口管理措施

管理措施	主管部门	通关凭证	适用商品的目录
黄金及其制品进出口管理	中国人民银行	黄金及其制品进出口准许证	《黄金及其制产品进出口管理商品目录》
有毒化学品管理	环境保护部	有毒化学品环境管理放行通知单	《中国禁止或严格限制的有毒化学品名录》
农药进出口管理	农业部	农药进出口登记管理放行通知单（“一批一单”制，有效期3个月）	《中华人民共和国进出口农药登记证明管理名录》
兽药进口管理	农业部	进口兽药通关单（“一单一关”制，在30日有效期内只能一次性使用）	《进口兽药管理目录》
水产品捕捞进口管理	农业部	合法捕捞产品通关证明（申请时应提交由船旗国政府主管机构签发的合法捕捞产品证明原件）	《实施合法捕捞证明的水产品清单》

【实战训练　如何查询外贸管制要求】

某贸易公司业务员小张将销售合同(Sales Contract)、装箱单(Packing List)、商业发票(Commercial Invoice)、提单(Bill of Lading)等交给林雨，林雨需要在正式报关前核对商品编码及外贸管制要求的相关批件，请问该笔业务需要提交哪些外贸管制批件？

第一步，登陆海关总署或各直属海关网站，找到信息查询栏目，依次点击进入“网上服务大厅”（图1.9）。

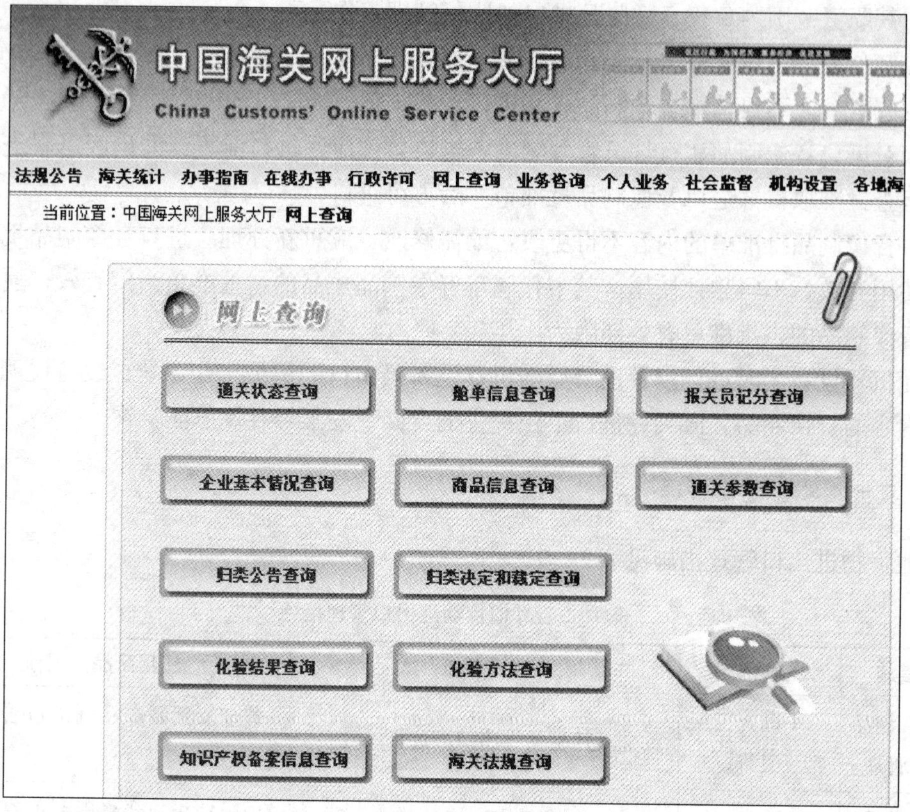

图 1.9　中国海关网上服务大厅

第二步，输入商品编码或商品名称，可查询到监管条件及其代码(图 1.10)。

当前位置：中国海关网上服务大厅 **商品信息查询**

商品税率信息

返回至商品信息查询

商品编号	商品名称	最低税率	普通税率	出口税率	增值税率	消费税率	计量单位	监管条件
9405409000	其他电灯及照明装置	0.10000	0.80000	0.00000	0.17000	0.00000	千克	AB

监管证件列表

返回至商品信息查询

许可证或批文代码	许可证或批文名称	进出口标志
A	入境货物通关单	进口
B	出境货物通关单	出口

图 1.10　查询商品监管条件及其代码

通过上述图表可以看出，太阳能灯出口除了提交常规单证外，还需要提交由出入境检验检疫局签发的出境通关单。

第三步，查询海关监管证件代码，列出业务所属外资管制批件。海关监管证件代码见表 1－10。

表 1-10 海关监管证件代码

监管代码	监管证件名称	监管代码	监管证件名称
1	进口许可证	2	两用物项和技术进口许可证
3	两用物项和技术出口许可证	4	出口许可证
5	纺织品临时出口许可证	6	旧机电产品禁止进口
7	自动进口许可证或重要工业品证明	8	(禁止出口商品)
9	禁止进口商品	A	入境货物通关单
B	出境货物通关单	D	出/入境货物通关单(毛坯钻石用)
E	濒危物种允许出口证明书	F	濒危物种允许进口证明书
G	两用物项和技术出口许可证(定向)	H	香港特别行政区工业贸易署发《内地加工纺织品OPA证明》 澳门特别行政区经济局签发《内地加工纺织品证明》
I	精神药物进(出)口准许证	J	黄金及其制品进出口准许证或批件
K	深加工结转申请表	L	药品进(出)口准许证
M	密码产品和设备进口许可证	O	自动进口许可证(新旧机电产品)
P	固体废物进口许可证	Q	进口药品通关单
R	进口兽药通关单	S	农药进出口登记管理放行通知单
T	银行调运外币现钞进出境许可证	U	合法捕捞产品通关证明
W	麻醉药品进出口准许证	X	有毒化学品环境管理放行通知单
Y	原产地证明	Z	进口音像制品批准单或节目提取单
c	内销征税联系单	e	关税配额外优惠税率进口棉花配额证
q	国别关税配额证明	r	预归类标志
s	适用ITA税率的商品用途认定证明	t	关税配额证明
v	自动进口许可证(加工贸易)	x	出口许可证(加工贸易)
y	出口许可证(边境小额)		

【执业资格考试复习题】

1. 报关是指进出境运输工具的负责人、进出境物品的所有人、进出口货物的收发货人或其代理人向(　　)办理进出境手续的全过程。

A. 边检　　B. 海关

C. 进出境商品检验检疫局　　D. 外经部门

2. 按照法律规定，下列不列入报关范围的是(　　)。

A. 进出境运输工具　　B. 进出境货物

C. 进出境物品　　D. 进出境旅客

3. 由委托企业委托，以委托人的名义办理报关业务的行为，这种报关方式叫(　　)。

A. 直接代理报关　　B. 间接代理报关

C. 自理报关　　D. 跨关区报关

4. 工商行政管理部门查获的应当给予行政处罚的香烟走私案件，应移送(　　)依法处理。

A. 海关　　B. 税务部门

C. 上一级工商行政管理部门　　D. 烟草专卖部门

5. 依法对特定的进出口货物、物品减征或免征关税是海关的权力之一，这种权力属于(　　)。

A. 行政许可权　　B. 税费征收权　　C. 行政裁定权　　D. 行政强制权

6. 海关对于暂准进出境货物，应在收发货人缴纳相当于税款的保证金或者提供其他形式的担保后，方可暂免征收关税。海关的此项权力属于(　　)。

A. 税费征收权　　B. 行政强制权　　C. 行政处罚权　　D. 行政审批权

7. 海关行使下列哪些权力时需经直属海关关长或者其授权的隶属海关关长批准？(　　)

A. 询问被稽查人的法定代表人、主要负责人员和其他有关人员与进出口活动有关的情况和问题

B. 在海关监管区和海关附近沿海沿边规定地区，检查走私嫌疑人的身体

C. 在海关监管区和海关附近沿海沿边规定地区，检查有走私嫌疑的进出境运输工具

D. 在调查走私案件时，查询案件涉嫌单位和涉嫌人员在金融机构、邮政企业的存款、汇款

8. 在某项加工贸易活动中，下列属于报关单位的是(　　)。

A. 具有报关权，受加工贸易经营企业的委托，开展保税加工业务的企业

B. 没有报关权，在海关办理了保税加工注册登记手续，受加工贸易经营企业的委托，开展保税加工业务的企业

C. 具有报关权，由其经营并自行开展保税加工业务的企业

D. 没有报关权，也未在海关办理保税加工注册登记手续，受加工贸易经营企业的委托，开展保税加工业务的企业

9. 报关单位注册登记许可应由下列哪个部门做出？(　　)

A. 海关总署　　B. 直属海关

C. 隶属海关　　D. 海关总署授权的直属海关或隶属海关

10. 海关人员审核电子数据报关单时，要求报关员向海关提交货物样品，海关告知后报关员拒不提供，导致海关退回报关单的，海关对该报关员一次记分的分值为(　　)。

A. 1分　　B. 2分　　C. 5分　　D. 10分

11. 按照海关对报关员记分考核管理的有关规定，一次记10分的情形是(　　)。

A. 在海关签印放行前，因报关单填制不规范，被海关退单的

B. 未按规定在随附单证上加盖报关专用章的

C. 电子数据报关单的有关项目填写不规范，海关退回责令更正的

D. 出借本人报关员证件的

12. 根据海关规定无需办理报关注册登记许可，可直接向海关办理报关注册登记的单位，下列选项中错误的是(　　)。

A. 兼营进出口代理报关业务的国际货物运输公司

B. 有权从事对外贸易经营活动的境内个体工商业者

C. 有权从事对外贸易经营活动的境内商贸组织

D. 需从事非贸易性进出口活动的台湾企业驻沪办事处

13. 若进口单位不是进出口货物收发货人，进口货物可采用的报关方式是(　　)。

A. 自理报关

B. 委托报关行以委托人的名义代理报关

C. 委托已在海关办理报关注册的货代公司以委托人的名义代理报关

D. 委托报关公司以报关公司的名义代理报关

14. 在天津注册登记的大海报关行和其在上海、青岛设立的分支机构均适用A类管理，上海分支机构代理报关的一批进口货物因侵犯有关知识产权被海关没收。下列关于海关调整该报关行及其分支机构的企业管理类别的表述，正确的是(　　)。

A. 大海报关行和其在上海、青岛设立的分支机构的管理类别均调整为B类

B. 大海报关行和其在青岛设立的分支机构的管理类别不作调整，在上海设立的机构调整为B类

C. 将大海报关行的管理类别调整为B类，其在上海、青岛设立的分支机构不作调整

D. 将大海报关行和其在上海的分支机构的管理类别调整为B类，在青岛设立的分支机构不作调整

15. 海关人员审核电子数据报关单时，要求报关员向海关提交货物样品，海关告知后报关员拒不提供，导致海关退回报关单的，海关对该报关员一次记分的分值为(　　)。

A. 1分　　B. 2分　　C. 5分　　D. 10分

16.《海关法》规定，报关人员向海关工作人员行贿的，海关有权进行行政处罚。下列处罚正确的是(　　)。

A. 由海关暂停其报关从业资格，并处以罚款

B. 由海关取消其报关从业资格，并处以罚款

C. 由海关注销其报关注册登记，并处以罚款

D. 情节轻微的，由海关责令改正，暂停其报关从业资格，并处以罚款；情节严重的，取消其报关从业资格

17. 李某在某报关公司担任会计，2007 年参加了报关员资格全国统一考试，但未通过。因公司业务需要，李某于今年 8 月份开始借用本单位张某的报关员证向海关报关。根据海关现行规定，下列表述正确的是(　　)。

A. 海关对张某一次记 5 分

B. 海关对张某予以警告，责令其改正，并可以处 1000 元以下罚款

C. 海关取缔李某的非法报关活动，没收违法所得，可以并处 10 万元以下罚款

D. 李某不得再报名参加报关员资格考试

18. 某公司出口一批产品，报关员拿到企业提交的发票、提单、装箱单等全套单据后，直接登录到 H2000 系统，并进行该商品出口的电子申报，结果受到海关的退回，理由是未完整取得出口单据，不予办理，需办理齐全手续后，方可接受申报。后来，报关员对该批商品的监管条件进行重新审定，发现根据海关监管条件要求，该批货物在出口时需要提交出境货物通关单。而在之前的申报过程中，未对货物进行法检，因而未取得出境通关单，造成单据不齐全，无法成功申报。

该案例能给我们哪些启发？

第二篇

入门技能实训

RUMEN JINENG SHIXUN

【学习目标】

(1) 能对常见的主要商品进行归类，并能根据归类查询管制要求。

(2) 熟悉报关单，并能进行准确录入。

【实训内容】

(1) 商品归类。

(2) 报关单录入。

实训一 商品编码

【任务描述】

某日，林雨接到公司分配的任务，对一批由台州某食品公司出口到中东某国的鱿鱼丝进行商品归类。该鱿鱼丝是用新鲜的鱿鱼配以白砂糖、盐、味精后烤制而成，125克/袋，12袋/盒，50盒/箱，共计出口3000箱。

林雨要对进出口商品进行归类，就必须先了解《商品名称及编码协调制度》相关内容。认真分析任务后，林雨决定分两步进行归类操作。

第一步，先对商品进行充分的认知(品名、成分、用途等)，然后将日常语言转为商品编码语言，确定品目(前4位数级编码)，明确“待归类商品的特征”→查阅类、章标题→列入可能归入的章标题→查阅相应章中品目条文和注释，如可见该商品则确定品目→如无规定则运用归类总规则来确定品目。

第二步，确定子目(第5～8位数级编码)。查阅所属品目的一级子目条文和使用的注释→如已查到该商品，则确定一级子目(即第5位数)→如没有查到该商品，则运用归类总规则确定一级子目→依次重复以上程序，确定二、三、四级子目(即第6～8位数)，完成归类。

【知识复习】

一、什么是《商品名称及编码协调制度》

1.《商品名称及编码协调制度》的概念

《商品名称及编码协调制度》(下文简称《协调制度》)又称“HS”(The Harmonized Commodity Description and Coding System)，是指在原海关合作理事会商品分类目录和国际贸易标准分类目录的基础上，协调国际上多种商品分类目录而制定的一部多用途的国际贸易商品分类目录。

2.《商品名称及编码协调制度》的结构

《协调制度》分为归类总规则，类、章及子目注释，商品编码表等部分。《协调制度》根据各种商品的生产类别、自然属性和功能用途将商品分为21类97章(见表2-1)，为使各个品目和子目之间界限分明，不会发生交叉归类的情况，它在许多类、章下加有注释，有的注释是专门针对某个子目的，叫子目注释。

表 2-1　《协调制度》分类及其例证

分类原则及方法	例证
类：基本上是按社会生产的分工(或称生产部类)来划分，它将属于同一生产部类的产品归在同一类里	例如，农业在第 1 类和第 2 类；化学工业在第 6 类；纺织工业在第 11 类；冶金工业在第 15 类；机电制造业在第 16 类
章：基本上是按商品的属性或用途来划分，每章的前后顺序则是按照动、植、矿物质来先后排列	第 1 章～第 83 章(第 64 章～第 66 章除外)基本上是按商品的自然属性来分章，如第 1 章～第 5 章是活动物和动物产品；第 6 章～第 14 章是活植物和植物产品；第 50 章和第 51 章是蚕丝、羊毛及其他动物毛；第 52 章和第 53 章棉花、其他植物纺织纤维和纸纱线；第 54 章和第 55 章为化学纤维
	第 64 章～第 66 章和第 84 章～第 97 章是按货物的用途或功能来分章的，如第 64 章是鞋、第 65 章是帽、第 84 章是机械设备、第 85 章是电气设备、第 87 章是汽车、第 89 章是船舶等
品目：从品目的排列看，一般也是按动、植、矿物质顺序排列，而且更为明显的是原材料先于产品，加工程度低的产品先于加工程度高的产品，列名具体的品名先于列名一般的品种	例如，在第 44 章内，品目是 4403 是原木；4404 ～4408 是经简单加工的木材；4409 ～4413 是木的半成品；4414 ～4421 是木的制成品

《协调制度》中的编码只有 6 位数，而我国进出口税则中的编码为 8 位数，其中第 7、8 位是我国根据实际情况加入的“本国子目”。

进出口商品编码具体表示方法及含义如下例所示(以改良种用马为例)：

对应的商品编码	0	1	0	1	2	1	0	0
位数	1	2	3	4	5	6	7	8
含义	章号		顺序号		一级子目	二级子目	三级子目	四级子目

编码含义如下：

(1) 前四位数“0101”是“品目(税目)条文”，“01”表示该商品所在章号，“01”表示该商品在本章的顺序号。

(2) 后四位数“2100”是“子目条文”。

① 第 5 位编码“2”代表一级子目，表示在 0101 品目(税目)条文下所含商品一级子目的顺序号，在商品编码表中的商品名称前用“－”表示。

② 第 6 位编码“1”代表二级子目，表示在一级子目下所含商品二级子目的顺序号，在商品编码表中的商品名称前用“－－”表示，“0”表示在一级子目下未设二级子目。

③ 第 7、8 位含义依次类推，在商品编码表中分别用“－－－”和“－－－－”表示，“0”表示未设三、四级子目。

如果第 5 位～第 8 位上出现数字“9”，则通常代表未具体列名的商品，即在“9”的前面一般留有空序号以便用于修订时增添新商品。

二、《商品名称及编码协调制度》有哪些归类原则

商品归类总规则是为保证每一个商品，甚至是层出不穷的新商品都能始终归入同一个品目或子目，避免商品归类的争议而制定的商品归类应遵循的原则。归类总规则共由 6 条构成，它们是指导并保证商品归类统一的法律依据。归类总规则的使用顺序为规则一优先于规则二，规则二优先于规则三，必须按照顺序使用。

规则一：类、章及分章的标题，仅为查找方便而设。具有法律效力的归类，应按品目条文和有关类注或章注确定，如品目、类注或章注无其他规定，按以下规则确定。

1）概念解析

(1)“类、章及分章的标题，仅为查找方便而设”。

为便于查找编码，《协调制度》将一类或一章商品加以概括并冠以标题。由于现实中的商品种类繁多，通常情况下一类或一章标题很难准确地对本类、章商品加以概括，所以类、章及分章的标题仅为查找方便而设，不具有法律效力，也就意味着类章中的商品并不是全部都符合标题中的描述。例如，第 22 章的标题为“饮料、酒及醋”，但是通常被我们认为是饮料的瓶装蒸馏饮用水却不归入该章，而应归入第 28 章“无机化学品”，类似的例子还很多。

(2)“具有法律效力的归类，应按品目条文和有关类注或章注确定”。

这里有两层含义：第一，具有法律效力的商品归类，是按品目名称和有关类注或章注确定商品编码；第二，许多商品可直接按目录规定进行归类。

知识链接

注释的作用在于限定品目、类、章商品的准确范围，常用的方法有以下 4 种：

(1) 定义法。以定义形式来界定类、章或品目的商品范围及对某些商品的定义做出解释。如第 72 章章注一(五)将不锈钢定义为：按重量计含碳量在 1.2%及以下，含铬量在 10.5%及以上的合金钢，不论是否含有其他元素。

(2) 列举法。列举法即为列举典型例子的方法。如第 12 章章注一列举了归入品目 1207 的主要包括油料作物的果实；再如 25 章章注四列举了归入品目 2530 的主要商品。

(3) 详列法。用详列具体商品名称来定义品目的商品范围。如第 30 章章注四定义了编码 3006 的商品范围由 11 方面的商品组成(详见编码第 30 章章注四)。

(4) 排他法。用排他条款列举若干不能归入某一类、章或编码的商品。如第 1 章注释：本章包括所有活动物，但下列各项除外。

(3) 如品目、类注或章注无其他规定，意味着明确品目条文及与其相关的类、章注释是最重要的。因此，类、章注释与子目注释的应用次序为：子目注释、章注释、类注释，即子目注释优先于章注释，章注释优先于类注释。

2）应用及解析

例：儿童乘骑的自行车(两轮)。

归类思路：

（1）查阅类、章标题，两轮儿童自行车作为儿童运动用品，似乎应归入第95章。

（2）查阅本章注释一(十四)可知，本章不包括儿童两轮车(要归入品目8712)。

（3）查阅品目8712并按尺寸(儿童自行车必定小于16英寸)归入87120081。

规则二：

（一）品目所列货品，应包括该项货品的不完整品或未制成品，只要在进口或出口时该项不完整品或未制成品具有完整品或制成品的基本特征；还应包括该项货品的完整品或制成品(或按本款可作为完整品或制成品归类的货品)在进口或出口时的未组装件或拆散件。

（二）品目中所列材料或物质，应视为包括该种材料或物质与其他材料或物质混合或组合的物品。品目所列某种材料或物质构成的货品，应视为包括全部或部分由该种材料或物质构成的货品。由一种以上材料或物质构成的货品，应按规则三归类。

1）概念解析

（1）规则二(一)的内容有两点含义。第一，扩大编码上列名商品的范围，即不仅包括该商品的完整品或制成品，而且还包括它的非完整品、非制成品及整机的拆散件。不完整品或未制成品，只要其具有完整品或制成品的基本特征，就应包括在内。也就是说缺少非关键零部件并不能影响产品本身的特征，故应按完整品归类。第二，该规则的使用是有条件的，即不完整品或未制成品一定要具有完整品(整机)的基本特征，拆散件必须是完整品的成套散件。此外，需要注意的是，规则二的第一部分不适用于第1至第6类的商品(第38章及以前的各章)。

知识链接

（1）不完整品是指某个商品还不完整，缺少某些零部件，但却具有完整品的基本特征。例如，缺少一个门的冰箱仍然按冰箱来归类，对于冰箱来说，压缩机等是其关键部位，影响冰箱性能。

（2）未制成品指已具备了成品的形状特征，但还不能直接使用，需经进一步加工才能使用的商品，如已具有钥匙形状的铜制钥匙坯片。

（3）因运输、包装、加工贸易等原因，进口时未组装件或拆散的货品，如机电产品的成套散件等。

（2）规则二(二)有两层意思。第一，品目中所列某种材料包括了该种材料的混合物或组合物，也是对品目商品范围的扩大；第二，其适用条件是加进去的东西或组合起来的东西不能失去原商品的特征，即混合或组合后的商品不存在看起来可归入两个及以上品目的问题。例如，加糖的咖啡还是应该按照咖啡归类，添加了糖的咖啡并未改变咖啡的特性。所以决不会产生是按糖归类还是按咖啡归类的疑问。

2）应用及解析

例：用牛奶包裹的华夫饼干。

归类思路：本题的华夫饼干用牛奶包裹后并不改变原来饼干的基本特征，根据归类规则二(二)要按华夫饼干归类。

(1) 华夫饼干作为糕饼点心，是由粮食粉加工制得的食品，查阅章标题应将其归入第19章。

(2) 按饼干类商品归入品目1905，查看该品目下的子目，按具体列名(华夫饼干)归入编码19053200。

规则三：当货品按规则二(二)或由于其他原因看起来可归入两个或两个以上品目时，应按以下规则归类。

(一) 列名比较具体的品目，优先于列名一般的品目。但是，如果两个或两个以上品目都仅述及混合或组合货品所含的某部分材料或物质，或零售的成套货品中的某些货品，即使其中某个品目对该货品描述得更为全面、详细，这些货品在有关品目的列名应视为同样具体。

(二) 混合物、不同材料构成或不同部件组成的组合物以及零售的成套货品，如果不能按规则三(一)归类，在本款可适用的条件下，应按构成货品基本特征的材料或部件归类。

(三) 货品不能按规则三(一)或(二)归类时，应按号列顺序归入其可归入的最末一个品目。

1) 概念解析

“当货品按规则二(二)或由于其他任何原因看起来可归入两个或两个以上品目时，应按以下规则归类”，这是规则三运用的前提。此规则包括：具体列名、基本特征、从后归类。这3条规定应按照其在本规则的先后次序加以运用。据此，只有在不能按照规则三(一)归类时，才能运用规则三(二)；不能按照规则三(一)和三(二)归类时，才能运用规则三(三)。

规则三(一)讲的是当一个商品涉及两个或两个以上品目时，哪个品目相对于商品表述更为具体，就归入哪个品目。但是，如果两个或两个以上品目都仅述及混合或组合货品所含的某部分材料或物质，或零售的成套货品中的某些货品，即使其中每个税目对该货品描述得更为全面、详细，这些货品在有关品目的列名应视为同样具体。但作为一般原则可作如下理解：

(1) 商品的具体名称与商品的类别名称相比，商品的具体名称较为具体。以电动剃须刀为例，其中，8510表示电动剃须刀、电动毛推剪及电动脱毛器，而8509表示家用电动器具，根据具体列明原则，应该将电动剃须刀归入到8510品目下。

(2) 如果一个品目所列名称更为明确地包括某一货品，则该品目要比所列名称不完全包括该货品的其他品目更为具体。

但是，如果两个或两个以上品目都仅述及混合或组合货品所含的某部分材料或物质，或零售成套货品中的某些货品，即使其中某个品目比其他品目对该货品描述得更为全面、详细，这些货品在有关品目的列名应视为同样具体。在这种情况下，货品应按规则三(二)或(三)的规定进行归类。

对规则三(二)适用的对象是：混合物、不同材料的组合货品、不同部件的组合货品、零售的成套货品。

此外，还必须注意只有在不能按照规则三(一)归类时，才能运用本款。也只有在可适用本款规定的条件下，货品才可按构成货品基本特征的材料或部件归类。

(3) 不同货品确定其基本特征的因素有所不同，一般来说确定商品的主要特征可根据商品的外观形态、使用方式、主要用途、购买目的、价值比例、贸易习惯、商业习惯、生活习惯等诸多因素进行综合考虑分析来确定。

(4) 本款所称“零售的成套货品”，是指同时符合以下 3 个条件的货品：

① 至少由两种看起来可归入不同编码的不同物品构成。

② 为了适应某一项活动的特别需要而将几件产品或物品包装在一起。

③ 其包装形式适于直接销售给用户而货物无需重新包装。

规则三(三)只能用于不能按规则三(一)或三(二)归类的货品。它规定商品应归入同样值得考虑的品目中的顺序排列为最后的品目内。但相互比较的编码或品目只能同级比较，也就是说如果一个商品看起来可以归入两个或两个以上品目，比较起来每个品目都同样具体，那么就按在商品编码表中位置靠后的那个品目进行归类。

2) 应用及解析

例 1：汽车车厢内铝合金制行李架。

归类思路：

(1) 对于汽车车厢内铝合金制行李架可按汽车零附件归入第 87 章，也可按贱金属杂项制品中的架座类商品归入第 83 章。

(2) 若按前者归类，应归入第 87 章的品目 8708，查阅该品目下的子目，未发现有合适于此种功能的零附件的子目，故只能按未列名的车身用零附件归入编码 87082990。若按后者归类，应归入第 83 章，查阅本章的品目条文，按座架类归入品目 8302，并按其他机动车辆用的贱金属制附件及架座归入编码 83023000。

(3) 比较以上两个编码可知，后者描述更具体。故按归类总规则三(一)优先归入编码 83023000。

例 2：方便面(零售袋装)。

归类思路：

(1) 方便面包含有面饼、调味包两种货品，由塑料袋包装，是一种零售包装成套货品，在归类时根据归类总规则三(二)应按本商品的基本特征——面饼归类，因调味包只起辅助的调味作用。

(2) 面饼是由面粉经进一步加工制作的面食品，已超出了第 10 章所包含商品的范围，要归入第 19 章。

(3) 查阅本章品目 1902 条文后即按即食或快熟的面条归入编码 19023030。

【课堂思考】

请对刺绣手帕(含棉 50%，含丝 50%)进行归类。

规则四：根据上述规则无法归类的货品，应归入与其最相类似的品目。

1) 概念解析

“最相类似”是指名称、功能、用途或结构上的相似。实际操作中往往难以统一认识。

一般来说，这条规则不常使用，尤其在HS编码中，每个品目都下设有“其他”子目，不少章节单独列出“未列名货品的品目”(例如，编码8479、8543、9031等)来收容未考虑到的商品。因此，规则四实际使用频率很低。

本条规则的使用方法如下：

待归商品 → 列出最相类似的商品的归类品目 → 从中选择一个最适合的品目

2）应用及解析

例：二氧化硫。

归类思路：在商品编码教材中没有直接列名，只能查询最相类似的商品，和二氧化硅同属于其他非金属无机氧化物范围。因此，对应的编码为28112900(其他)。

规则五：除上述规则外，本规则适用于下列货品的归类。

(一) 制成特殊形状，仅适用于盛装某个或某套物品并适合长期使用的，如照相机套、乐器盒、枪套、绘图仪器盒、项链盒及类似容器，如果与所装物品同时进口或出口，并通常与所装物品一同出售的，应与所装物品一并归类。但本款不适用于本身构成整个货品基本特征的容器。

(二) 除规则五(一)的规定以外，与所装货品同时进口或出口的包装材料或包装容器，如果通常是用来包装这类货品的，应与所装货品一并归类。但明显可重复使用的包装材料和包装容器可不受本款限制。

1）概念解析

规则五是一条关于包装物品归类的专门条款。规则五(一)仅适用于同时符合以下各条规定的容器。

(1) 制成特定形状或形式，专门盛装某一物品或某套物品，专门设计的容器，有些容器还制成所装物品的特殊形状。

(2) 适合长期使用的，使用期限与所盛装某一物品使用期限相称的容器，“在物品不使用期间，这些容器还起保护作用。”

(3) 与所装物品一同进口或出口，不论其是否为了运输方便而与所装物品分开包装，单独进口或出口的容器应归入其相应的品目。

(4) 通常与所装物品一同出售的容器。

(5) 包装物本身并不构成整个货品的基本特征，即包装物本身无独立使用价值。

规则五(一)不适用于本身构成整个商品基本特征的容器。例如，装有茶叶的银质茶叶罐，银罐本身价值昂贵，远远超出茶叶的价格，并已构成整个货品的基本特征，因此应按银制品归入税目71141100。

规则五(二)实际上是对规则五(一)规定的补充。当包装材料或包装容器不符合规则五(一)条件时，如果通常是用来包装某类货品的，则应与所装货品一同归类。但本款不适用于明显可以重复使用的包装材料或包装容器，如装有压缩液化气体的钢瓶应按钢铁制品和液化气分别归类。

2）应用及解析

例 1：鲜蜂王浆(零售，玻璃瓶装，250 克)。

归类思路：归类为 0410.0041。

例 2：精制的大豆油(玻璃瓶装，玻璃瓶可重复使用，容量 2.5 升)。归类思路：大豆油归类为 1507.9000，玻璃瓶归类为 7010.9010。

规则六：货品在某一品目项下各子目的法定归类，应按子目条文或有关的子目注释以及以上各条规则来确定，但子目的比较只能在同一数级上进行。除《协调制度》条文另有规定的以外，有关的类注、章注也适用于本规则。

1）概念解析

(1) 规则六中所称“同一数级”子目，是指同为 5 位数级或同为 6 位数级的子目。据此，当按照规则三(一)规定考虑某一物品在同一品目项下的两个及两个以上 5 位数级子目的归类时，只能依据有关的 5 位数级子目条文来确定哪个 5 位数级子目所列名称更为具体或更为类似。只有在确定了列名更为具体的 5 位数级子目，而且该子目项下又再细分了 6 位数级子目时，才能根据有关 6 位数级子目条文考虑物品应归入这些 6 位数级子目中的哪个子目。

(2)“除《协调制度》条文另有规定的以外”是指类、章注释与子目条文或子目注释不相一致的情况。例如，第 71 章注释四(二)所规定的“铂”的范围，与第 71 章子目注释二所规定的“铂”的范围不相同。因此，在解释子目号 711011 及 711019 的范围时，应采用子目注释二，而不应考虑该章注释四(二)。即类、章注释与子目注释的应用次序为：子目注释→章注释→类注释。

(3) 某个 5 位数级子目下所有 6 位数级子目的商品总和不得超出其所属的 5 位数级子目的商品范围；同样，某个 4 位数级税目下所有 5 位数级子目的商品总和也不得超出其所属的 4 位数级品目的商品范围。

规则六表明，只有在货品归入适当的 4 位数级品目后，方可考虑将它归入合适的 5 位数级或 6 位数级子目，并且在任何情况下，应优先考虑 5 位数级子目后再考虑 6 位数级子目的范围或子目注释。此外，规则六注明只有属同一级别的子目才可作比较并进行归类选择，以决定哪个子目较为合适；比较方法为同级比较，层层比较。

2）应用及解析

例：金属制带软垫的理发用椅。

归类思路：

(1) 查阅类、章标题和品目条文，可能涉及的子目有 940171 和 940210。

(2) 因该子目不是同一品目下的子目，所以不能比较。

(3) 先确定品目条文(即前面 4 位数)，经比较 9401 和 9402 的商品名称，9402 品目下的商品名称更具体，因此归入 9402。

(4) 确定一级子目录“牙科、理发及类似用途的椅及其零件”，比较一级子目录项下的商品 94021010 和 94021090，94021010(理发用椅及其零件)更为具体、贴切，因此归入 94021010。

【任务完成】

林雨完成上述任务情况如下。

1. 确定品目(4 位数级编码)

明确待归类商品的特征→查阅类、章标题→可能归入的章标题→查阅相应章中品目条文和注释，如可见该商品则确定品目→如无规定则运用归类总规则来确定品目。

注意：此处所言待归类商品的特征是指决定商品处于不同类、章的特征。

2. 确定子目(5～8 位数级编码)

查阅所属品目的一杠子目条文和适用的注释→如可见该商品则确定一杠子目(5 位数级)→如无规定则运用适当修改后的归类总规则确定一杠子目。依次重复前述程序，确定二、三、四杠子目即第 6、7、8 位数级子目，最终完成归类。

注意：同一数级的子目才能比较。

具体到出口的鱿鱼丝，可以按照以下两个步骤来分析。

第一步，确定品目。该批出口商品为食品，可以确定归到第 4 类“食品，饮料，酒及醋，烟草、烟草制品及烟草代用品的物品”。第 4 类商品分别在第 16～24 章、查询各章章名如下：

第 16 章　肉、鱼、甲壳动物、软体动物及其他水生无脊椎动物的制品

第 17 章　糖及糖食

第 18 章　可可及可可制品

第 19 章　谷物、粮食粉、淀粉或乳的制品；糕饼点心

第 20 章　蔬菜、水果、坚果或植物其他部分的制品

第 21 章　杂项食品

第 22 章　饮料、酒及醋

第 23 章　食品工业的残渣及废料；配制的动物饲料

第 24 章　烟草、烟草制品及烟草代用品的制品

烤鱿鱼丝应属于第 16 章。

烤鱿鱼丝属于“制作或保藏的甲壳动物、软体动物及其他水生无脊椎动物”，确定商品的税品目为 16.05。

第二步，确定子目。进一步查询，得到如表 2－2 所示的信息。

表 2－2　商品编码表

商品编码	项目条文
1605.1000	制作或保藏的蟹
1605.2000	制作或保藏的小虾及对虾
1605.3000	制作或保藏的龙虾

续表

商品编码	项目条文
1605.4011	制作或保藏的淡水小龙虾仁
1605.4019	制作或保藏的带壳淡水小龙虾仁
1605.4090	制作或保藏的其他甲壳动物
1605.9010	制作或保藏的海蜇
1605.9020	制作或保藏的蛤
1605.9090	其他制作或保藏的软体动物(包括其他水生无脊椎动物)

实训二　报关单录入

【任务描述】

林雨通过之前的实习了解到申报单证包括报关单和随附单证，其中报关单是主要单证。准确录入报关单，并在规定时间内现场交单是报关工作的重要的一步。

林雨在填制报关单之前，要充分掌握报关单的录入技巧和审核方法。

【知识复习】

一、什么是报关单

1. 报关单的概念

根据《海关法》规定："进出口货物的收货人、出口货物的发货人应当向海关如实申报，交验进出口许可证件和有关单证。"其中一份重要的单证即报关单。报关单是指进出口货物的收发货人或其代理人按照海关规定格式对进出口货物的实际情况做出书面申请，以此要求海关对其货物按适用的海关制度办理通关手续的法律文书。

2. 报关单的分类

（1）按照进出口状态分，报送单分为进口货物报关单和出口货物报关单。

（2）按照表现形式分，报送单分为电子数据报关单和纸质报关单。

其中，电子数据报关单是一张电子报关单，对应一份纸质报关单，表体共有 20 栏，一项商品占据表体的一栏。纸质报关单最多可打印 5 项商品，纸质报关单表体共有 5 栏，可另外附 3 张纸质报关单，合计一份纸质报关单(即一个报关单编号)最多可打印 20 项商品。一般来说，报关时先电子申报再纸质申报。

3. 报关单各联的用途

进口报关单(一式四联)分为海关作业联、海关留存联、企业留存联、进口付汇证明联；出口报关单(一式六联)分为海关作业联、海关留存联、企业留存联、出口收汇证明联、海关检销联、出口退税证明联。

【课堂思考】

为什么进口报关单为一式四联，而出口报关单是一式五联呢?

(1) 作业联和留存联。该联是报关员配合海关查验、缴纳税费、提取或装运货物的重要单据，也是海关查验货物、征收税费、编制海关统计以及处理其他海关事务的重要凭证。

(2) 进口付汇证明联、出口收汇证明联。该联是海关对已实际进出境的货物所签发的证明文件，是银行和国家外汇管理部门办理售汇、付汇和收汇以及核销手续的重要依据之一。

(3) 海关核销联。该联是海关对已实际申报进口或出口的货物所签发的证明文件，是海关办理加工贸易合同核销、结案手续的重要凭证。该联在报关时与海关作业联一并提供。

(4) 出口退税证明联。该联是海关对已实际申报出口并已装运离境的货物所签发的证明文件，是国家税务部门办理出口货物退税手续的重要凭证之一。

4. 报关单的格式

进出口货物报关单主要包括编号、表头、表体、表尾几个部分。编号包括预录入编号和海关编号。一般来说，海关编号就是预录入编号，由计算机自动生成，由 18 位数字组成，其中前 4 位接受申报海关的编号，5～8 位为海关接受申报的公历年份，第 9 位为进出口标志(“1”为进口，“0”为出口)，10～18 位为报关单顺序编号。表头包括 30 个项目，从“进出口口岸”到“标记唛码及备注”。出口货物报关单、进口货物报关单样式分别如下所示：

中华人民共和国进口货物报关单

预录入编号：　　　　　　　　　　海关编号：

进口口岸		备案号	进口日期	申报日期
经营单位		运输方式	运输工具名称	提运单号
收货单位		贸易方式	征免性质	征税比例
许可证号		启运国(地区)	装货港	境内目的地
批准文号	成交方式	运费	保费	杂费
合同协议号	件数	包装种类	毛重(千克)	净重(千克)
集装箱号		随附单据		用途

标记唛头及备注

项号	商品编号	商品名称、规格型号	数量及单位	原产国	单价	总价	币制	征免

税费征收情况

录入员　　录入单位	兹声明以上申报无讹并承担法律责任 申报单位(签章)	海关审单批注及放行日期(签章) 审单　　审价
报关员 单位地址：　　电话： 邮编：　　　　　　填制日期：		征税　　统计 查验　　放行

中华人民共和国出口货物报关单

预录入编号： 海关编号：

出口口岸		备案号	出口日期	申报日期
经营单位		运输方式	运输工具名称	提运单号
发货单位		贸易方式	征免性质	结汇方式
许可证号		运抵国(地区)	指运港	境内货源地
批准文号	成交方式	运费	保费	杂费
合同协议号	件数	包装种类	毛重(千克)	净重(千克)
集装箱号		随附单据		生产厂家
标记唛码及备注				
项号 商品编号 商品名称、规格型号 数量及单位 最终目的国(地区) 单价 总价 币制 征免				
税费征收情况				
录入员 录入单位		兹声明以上申报无讹并承担法律责任 申报单位(签章)	海关审单批注及放行日期(签章) 审单 审价	
报关员 单位地址： 电话： 邮编：		填制日期：	征税 统计 查验 放行	

二、报关单录入与填报技巧有哪些

1. 填制进出口货物报关单的一般要求

（1）申报人必须按照《海关法》、《海关进出口货物申报管理规定》（全称《中华人民共和国海关进出口货物申报管理规定》）和《海关进出口货物报关单填制规范》（全称《中华人民共和国海关进出口货物报关单填制规范》）的有关规定，向海关如实申报，不可以伪报、瞒报、虚报和迟报。

（2）填制内容必须真实，做到“单证相符”和“单货相符”，即所填报关单各栏目必须与商业发票、装箱单、批准文件和随附单据相符；必须与实际进出口货物情况相符。

（3）报关单的填报要准确、齐全、完整、字迹清楚，不得用铅笔或红色复写纸填写；若有更正，须在更正项目上加盖“校对章”。报关单一般用电脑打印或打字机打印。

（4）不同批文的货物、不同合同的货物、同一批货物中不同贸易方式、同一批货物不同运输方式、同一批货物相同运输方式但航次不同的货物，均应分单填报。

（5）一份原产地证书只能对应一份报关单。同一份报关单上的同一种商品不能同时享受协定税率和减免税。

（6）一份报关单最多填报 20 项商品。超过 20 项商品时，必须分单填报。一张纸质报关单上最多打印 5 项商品。

（7）分栏填报，反映进出口商品本身情况的项目中，须以相同的项号进行分栏填报。

（8）分行填报，反映不同的项号、商品名称、规格型号、数量及单位和不同的单价等均要分行填制。

（9）对已向海关申报的进出口货物报关单，如原填报内容与实际进出口货物不一致而有正当理由的，申报人应向海关递交书面更正申请，海关核准后，对原报关单进行更改或撤销。

（10）报关单的份数和颜色。使用电子数据报关的填写一份报关单作为录入原始单据即可。不同的贸易方式和不同性质的报关人使用不同颜色的报关单。

（11）申报企业在填完的报关单上加盖与企业名称一致的报关专用章和报关员章后才有效。如原始报关单的申报单位加盖××进出口公司报关专用章，申报单位预录入报关单的申报单位加盖××报关行报关专用章＋报关员章。

2. 报关单表头各栏目的填报

1）进(出)口口岸、进口日期/出口日期、申报日期

（1）进(出)口口岸：货物实际进出口我国关境口岸海关的名称。

填写要求如下：

① 本栏填写隶属海关的名称及代码。

② 进口口岸是进入我国关境的第一海关，出口口岸是运离我国关境的最后一海关。

③ 一般从所给出的单据或中文资料中能找到相应的内容。

特殊情况要按照如下要求填制：

① 加工贸易货物填报货物限定或指定进出口岸的口岸海关名称及代码。

② 转关运输货物。进口转关填报货物进境地海关名称及代码；出口转关填报货物出境地海关名称及代码。

(2) 进口日期/出口日期：进口日期为运载所申报进口货物的运输工具申报进境的日期；出口日期为运载所申报出口货物的运输工具办结出境手续的日期。

填报要求如下：

① 日期均为 8 为数字，按顺序依次为年(4 位)、月(2 位)、日(2 位)，如 20080808。

② 对集中申报的报关单，进口日期以海关接受申报的日期为准。

③ 出口日期栏不用填。

(3) 申报日期：海关接受进出口货物的收发货人或受其委托的报关企业向海关申报货物进出口的日期。

填报要求：本栏目在申报时免予填报。

2) 经营单位、收发货单位、境内目的地

(1) 经营单位：对外签订并执行进出口贸易合同的我国境内企业、单位或者个人的名称及海关注册编码。

知识链接

经营单位海关注册编码解析，参见下例(图 2.1)。

1～4 位是进出口单位属地的行政区划代码；第 5 位是市内经济区划代码："1" 表示经济特区，"2" 表示经济技术开发区等；第 6 位为进出口企业经济类型代码："1" 表示有进出口经营权的国有企业，"2" 表示中外合作企业；7～10 位是顺序编号。从以上编码可见该公司为中外合资企业。

填报要求如下：

①"经营单位" 栏填写经营单位的中文名称及编码。

② 有代理报关资格的报关企业代理其他进出口企业办理进出口报关手续时，填报委托的进出口企业的名称及海关注册编码。

③ 进出口企业之间相互代理进出口，或者没有进出口经营权的企业委托有进出口经营权的企业代理进出口的，填报代理方的中文名称及编码。

④ 外商投资企业委托有进出口经营权的企业进出口时，进口投资总额以内设备、物品的，经营单位应填 "外商投资企业"，在报关单备注栏填上 "委托××公司进口"；进口生产用原材料时，填报代理方中文名称及编码，即经营单位应填有进出口经营权的企业的名称及编码。

⑤ 特殊情况下确定并填报经营单位的原则：援助、赠送、捐赠的货物，经营单位填报接受货物的单位的中文名称及编码；经营单位编码第 6 位为 "8" 的单位只有报关权而没有进出口经营权的，不得作为经营单位填报；境外企业不得作为经营单位填报；如果对外签约，执行合同不是同一单位，则以执行合同的单位为准。

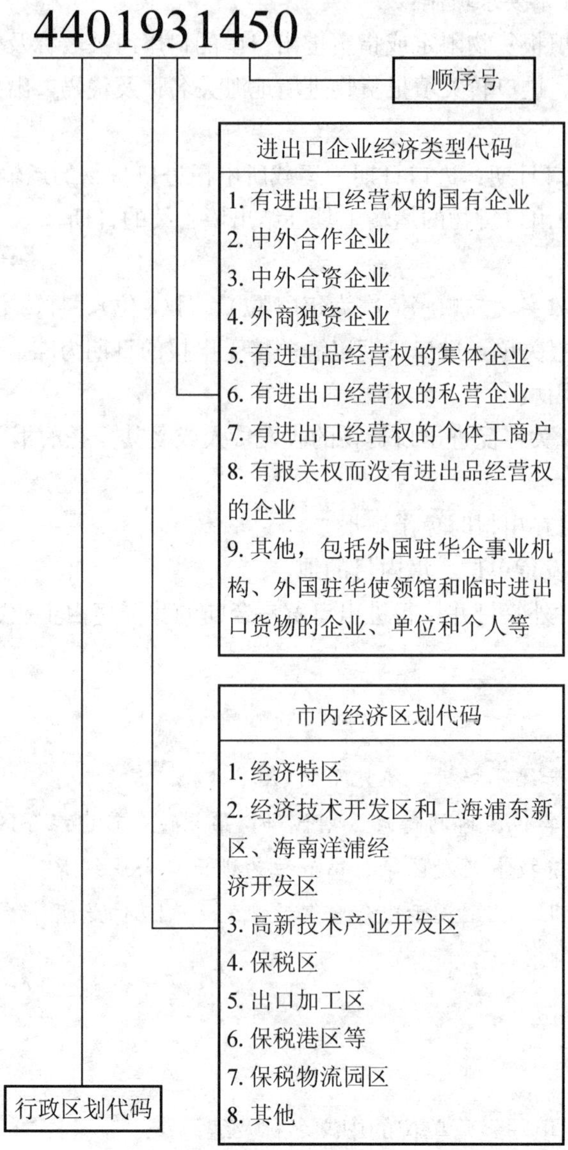

图 2.1　经营单位海关注册编码解析

（2）收货单位/发货单位。收货单位指已知的进口货物在境内的最终消费、使用单位；发货单位指出口货物在境内的生产或销售单位。

填报要求：应填报中文名称及编码；如果没有编码，报中文名称。

（3）境内目的地/境内货源地。境内目的地指进口货物在国内消费、使用地或最终运抵地；境内货源地指出口货物在国内的产地或原始发货地。

填报要求："境内目的地"栏和"境内货源地"栏应按"国内地区代码表"选择国内地区名称或代码填报，代码含义与经营单位代码前 5 位的定义相同。

3）贸易方式、备案号、征免性质、用途及征免

（1）贸易方式：海关监管方式。

填报要求如下：

① 一份报关单只允许填报一种贸易方式，不同贸易方式应分单填报。

② 按海关规定的“贸易方式代码表”（表 2-2)选择填报相应的贸易方式简称或代码。

③ 加工贸易特殊情况下的填报要求。

表 2-3　部分贸易方式代码表

代码	简称	贸易方式简要说明
0110	一般贸易	单边进口或单边出口的贸易
0214	来料加工	来料加工装配贸易进口料件及加工出口货物
0615	进料对口	进料加工(对口合同)
2025	合资合作设备	合资合作企业作为投资进口设备物品

(2) 备案号：进出口货物收发货人办理报关手续时，应向海关递交的备案审批文件的编号。

填写要求如下：

① 一份报关单只允许填报一个备案号。无备案审批文件的报关单，本栏目免予填报。

② 备案号的标记码必须与“贸易方式”、“征免性质”、“征免”、“用途”及“项号”等栏目相协调。

③ 加工贸易货物，填报加工贸易手册编号。

④ 进出口征减免税的审批货物填报征免税证明编号，不得为空。

⑤ 对进入特殊区域的保税货物，在“备案号”栏应填报标记代码为“H”的电子账册的备案号。

⑥ 进口实行原产地证书联网管理的香港 CEPA、澳门 CEPA 项下进口货物，本栏填报 Y+11 位原产地证书编号，如：Y3M03A000001。

⑦ 进出口货物报关单的“贸易方式”栏为监管方式时，“备案号”栏应填报与其相应的编号，不得为空。

⑧ 进出口货物报关单的“征免性质”为征免性质时，“备案号”栏应填相应的编号，不得为空。

⑨ 一般从所给出的中文资料中查找，掌握以 B、C、E、Y、Z 开头的备案号的情况。

【课堂思考】

某公司进口聚乙烯 10000 千克，其中 5000 千克用于加工塑料产品后出口，加工手册号为 C130324442055，另外的 5000 千克用于加工产品在国内销售。请问需要填写几份报关单，如何填写?

(3) 征免性质。

填报要求如下：

① 一份报关单只允许填报一种征免性质，涉及多个征免性质的，应分单填报。

② 参照“常见征免性质代码表”选择填报相应的征免性质简称或代码(表 2-4)。

③ 特殊情况填报要求为：外商投资企业为加工内销产品而进口料件，填报“一般征税”(其贸易方式是一般贸易)；加工贸易转内销货物，按实际应享受的征免性质填报，如“一般征税”、“科教用品”、“其他法定”等；料件退运出口、成品退运进口的货物填报“其他法定”；加工贸易结转货物，本栏目为空。

表 2-4　常见征免性质代码表

代码	简称	全称	代码	简称	全称
101 *	一般征税	一般征税进出口货物	502 *	来料加工	来料加工装配和补偿贸易进口料件及出口成品
201	无偿援助	无偿援助进出口物资	503 *	进料加工	进料加工贸易进口料件及出口成品
299 *	其他法定	其他法定减免税进出口货物	506	边境小额	边境小额贸易进口货物
301	特定区域	特定区域进口自用物资及出口货物	510	港澳 OPA	港澳在内地加工的纺织品获证出口
307	保税区	保税区进口自用物资	601 *	中外合资	中外合资经营企业进出口货物
399	其他地区	其他执行特殊政策地区出口货物	602 *	中外合作	中外合作经营企业进出口货物
401 *	科教用品	大专院校及科研机构进口科教用品	603 *	外资企业	外商独资企业进出口货物
403	技术改造	企业技术改造进口货物	789 *	鼓励项目	国家鼓励发展的内外资项目进口设备
499	ITA 产品	非全税号信息技术产品	799 *	自有资金	外商投资额度外利用自有资金进口设备、备件、配件
501 *	加工设备	加工贸易外商提供的不作价进口设备	998	内部暂定	享受内部暂定税率的进出口货物

(4) 用途及征免。

填报要求：进口货物填报用途，应根据进口货物的实际用途，按海关规定的用途代码表选择填报相应的用途名称或代码。

常见的用途有 4 种：①外贸自营内销(01)，适用于有外贸经营权的企业在经营范围内正常进口的货物。②其他内销(02)，适用于非一般进口货物转内销及外资企业为生产内销产品而进口的料件。③企业自用(03)，适用于进口供企业自用的货物，如外资企业在投资总额内进口的机器设备。④加工返销(04)，适用于来料加工、进料加工、补偿贸易各外商投资企业为履行产品出口合同而从国外进口的料件，用于在国内加工后返销到境外。

征免方式有 4 种：①照章征税(1)，进出口货物依照法定税率计征各类税费。②全免(2)，依照相关备案文件免征进口关税和增值税。③保证金(3)，经海关批准由担保人向海关缴纳现金担保放行的货物。④保函(4)，担保人向海关提交的订有明确权利义务的一种担保形式。

4）运输方式、运输工具名称、提运单号

(1) 运输方式：填写的是运输方式名称或代码。代码为水路运输 2、汽车运输 4、航空运输 5。

填报要求如下：

① 填写代码或者中文名称。

② 可以从水路运输(Bill of Lading，B/L)、航空运输(AWB、Airway Bill、Air Fright、MAWB 或 HAWB 等)找到。

(2) 运输工具名称：指载运货物进出境的运输工具的名称或运输工具编号。

填报要求如下：

① 一份报关单只允许填报一个运输工具名称。

② 水路运输填船舶英文名称或船舶编号/航次号；航空运输填航班号。

③ 转船运输的填报要求如下。

a. 进口报关单。

水路运输：船舶英文名称或船舶编号/航次号。

直转、提前报关转关填报：@+16 位转关申报单预录入号(或 13 位载货清单号)。

中转转关填报：进境英文船名/@进境干线船舶航次号。

航空运输：航班号。

直转、提前报关转关填报：@+16 位转关申报单预录入号(或 13 位载货清单号)。

中转转关填报：@。

b. 出口报关单。

(a) 水路运输填报要求如下。

直转、提前报关转关填报：@+16 位转关申报单预录入号(或 13 位载货清单号)。

中转转关填报：境内水路运输填报驳船船名/驳船航次号。

(b) 航空运输填报要求如下。

转关填报：@+16 位转关申报单预录入号(或 13 位载货清单号)。

无实际进出境的货物，报关单本栏目为空。

一般在单证中可以查找到相应的信息，如提单、空运单。

(3) 提运单号：进出口货物提单或运单的编号。

填报要求如下：

① 一份报关单只允许填报一个提运单号，若一票货物对应多个提运单号，应分单填报。

② 实际进出境的不同运输方式的填报要求：水路运输填进出口提单号，如有分提单的，填“提单号 * 分提单号”；公路运输免于填报；铁路运输填报运单号；航空运输填“总运单号 _ 分运单号”，无分运单的填报“总运单号”。

③ 无实际进出境的，本栏目免于填报。

④ 在境外换运输工具入境的填报的情形：填报换运输工具后船公司签发的提单号。

⑤ 转关运输货物不同运输方式的填报要求如下。

a. 进口报关单。

(a) 水路运输：直转、中转填报“提单号”；提前报关免于填报。

(b) 航空运输：直转、中转填报“总运单号 _ 分运单号”，提前报关免于填报。

b. 出口报关单。

(a) 水路运输：中转填报“运单号”；非中转(即提前或直转)免于填报；广东省内转关货物提前报关的填报车牌号。

(b) 其他运输方式，广东省内转关货物提前报关的填报车牌号。其他地区免于填报。

5）起运国、装运港

(1) 起运国(地区)/运抵国(地区)。启运国(地区)指进口货物起始发运的国家(地区)；运抵国(地区)指出口货物直接运抵的国家(地区)。

【课堂思考】

我国某公司进口一批货物，货物从伦敦起运途经香港转运至上海。如何判断有没有在香港发生中转呢?

(2) 装运港/指运港。装运港指货物起始装运的港口。报关单上的“装货港”栏指进口货物在运抵我国关境前的最后一个境外装运港。指运港(目的港)指最终卸货的港口。报关单上的“指运港”栏指出口货物运往境外的最终目的港。

填报要求：对于无实际进出境的货物，“装货港”或“指运港”栏应填报“中国境内”。

6）成交方式、运费、保险费、杂费

(1) 成交方式：在进出口贸易中进出口商品的价格构成和买卖双方各自应承担的责任、费用和风险，以及货物所有权转移的界限。

13 个贸易术语应填写的成交方式的对应关系见表 2-5。

表 2-5　13 个贸易术语应填写的成交方式的对应关系

发票中的贸易术语	报关单中应填写的成交方式	成交方式代码
CIF、CIP 以及 DAF、DES、DEQ、DDU、DDP	CIF	1
CFR(CNF、C&F)、CPT 填	CFR(CNF、C&F)	2
FCA、FAS、EXW、FOB 填	FOB	3

填报要求：按海关规定的“成交方式代码表”选择填报相应的成交方式名称或代码。

(2) 运费：进出口货物从始发地至目的地的国际运输所需要的各种费用。

保险费：被保险人允予承保某种损失、风险而支付给保险人的对价或报酬。

杂费：成交价格以外的，应计入货物价格或应从货物价格中扣除的费用，如手续费、佣金、折扣等。

填报要求(表 2-6)如下：

① 运费栏目应根据具体情况选择运费单价、运费总价或运费率 3 种方式之一填报，同时

注明运费标记(运费率标记免填)，并按海关规定的“货币代码表”选择填报相应的币种代码。运费标记“1”表示运费率，“2”表示每吨货物的运费单价，“3”表示运费总价。

② 保费栏目应根据具体情况选择保费总价或保费率两种方式之一填报，同时注明保费标记(保费率标记免填)，并按海关规定的“货币代码表”选择填报相应的币种代码。保费标记“1”表示保费率，“3”表示保费总价。

③ 杂费栏目应根据具体情况选择杂费单价或杂费费率两种方式之一填报，同时注明杂费标记(保费率标记免填)，并按海关规定的“货币代码表”选择填报相应的币种代码。杂费标记“1”表示杂费率，“3”表示杂费总价。

表 2-6 运费、保费、杂费的填写规范

项目	率(1)	单价(2)	总价(3)
运费	2%(2)	USD100/吨(502/50/2)	JPY1000(116/1000/3)
保费	0.2%(2)	—	GBP2000(303/2000/3)
应计入的杂费	1%(1)	—	HKD1000(110/1000/3)
应扣除的杂费	1%(−1)	—	EUR2000(300/−2000/3)

(3) 成交方式与运费、保险费之间的关系。

进口报关单：①货物的成交方式为 CIF 进口的，则运费、保费栏目为空，不填；②成交方式为 CFR 进口的，则运费栏不填，保险费栏要填；③成交方式为 FOB 进口的，则运费栏、保险费栏要填。

出口报关单：①货物以 FOB 成交方式出口的，运费、保费栏目不填；②货物以 CFR 成交方式出口的，运费栏填；保费栏不填；③货物以 CIF 成交方式出口的，运费、保费栏目要填。

(4) 填报要求。

① 本栏应根据具体情况选择杂费总价或杂费率两种方式之一填报，杂费标记：“1”表示杂费率，“3”表示杂费总价。

② 应计入完税价格的杂费填报为正值或正率，应从完税价格中扣除的杂费填报为负值或负率。

③ 杂费率直接填报杂费率的“数值/杂费率标记”。

④ 杂费总价填报杂费“货币代码/杂费总价的数值/杂费总价标记”。

⑤ 一般从发票中查找，一般在价格附近，注意英文单词“Less”，如 Less Discount 5%。

注意：预付款(Prepayment)、订金(Deposit)不是杂费，是货款的一部分，不填在杂费栏。

【课堂思考】

某公司进口镀黄铜钢丝，货物到港后，报关公司报检时为货主代付熏蒸费 410 元，发票的信息如下。

CIF Dalian

Quantity：36562kg

Unit price：805USD/1000KG

Value：29432.41USD

Fumigation：50USD(境外熏蒸费)

Total amount：29482.41USD

International freight：240USD

Insurance：99.35USD

FOB value：26933.07USD

请问运费、保费、杂费分别应该怎么填写?

7）件数、包装种类、毛重、净重、集装箱号

(1) 件数：外包装的进(出)口货物的实际件数。

填报要求如下：

① 散装、裸装货物填报为“1”。

② 如果有关单据列明托盘件数，或者既有托盘数又有单件件数的填“托盘数”。

③ 如果有关单据有集装箱个数，又列明托盘件数、单件包装件数的填“托盘数”。

④ 如仅列明集装箱个数，未列明托盘或者单件包装件数的，则填“集装箱个数”。

(2) 包装种类：根据进出口货物的实际外包装种类，选择填报相应的包装种类。

包装种类常见单词见表2-7。

表2-7 包装种类常见单词

包装种类名称	包装种类名称
木箱(wooden case)	托盘(pallet)
纸箱(carton，CTNS=cartons)	包(bale，BLS=bales)
桶装(drum/ barrel /cask/ keg/ pail)	辆、台(Unit)
散装(bulk)	裸装(Nude / unpacked)
集装箱(container)	件(package，pkg.)

(3) 毛重(Gross Weight)和净重(Net Weight)。毛重指货物及其包装材料的重量之和；净重指货物的毛重减去外包装材料后的重量，即商品的实际重量。

填报要求如下：

① 计量单位为千克，不足1千克的填报为1。在原始单据中，找到Gross Weight、Net Weight所对应的数据就是毛重和净重。

② 毛重和净重的填报，注意分单填报的情况，应当按照对应的申报的货物分开填报各自的毛重或净重，而不能填所有货物的总重量。

③ 以毛重作为净重计价的，可填毛重。

④ 按照国际惯例以公量重计价的货物，如未脱脂羊毛、羊毛条等，填报公量重。

(4) 集装箱号。

本栏填报装载进出口货物(包括拼箱货)集装箱的箱体信息，包括集装箱号、集装箱规格/尺寸、集装箱自重 3 部分。

填报要求如下：

① 分别填报集装箱号、集装箱的规格和集装箱的自重。填报方式为："集装箱号/规格/自重"；多个集装箱的，第一个集装箱号填报在"集装箱号"栏，其余的依次填报在"备注"栏；非集装箱货物，填报为"0"。

② 在原始单据上找到集装箱号 Container No. 所对应的号。

【课堂思考】

提单资料如下：

SIARTYPE/	CONTAINER#/	TARE WEIGHT
20/DRY	TPHU8290657	2300KGS
40/DRY	MISU2541754/	4100KGS

请问如何填写"集装箱号"一栏?

8) 其他

(1) 征税比例/结汇方式。

进口报关单"征税比例"栏目不需要填报。

出口货物报关单应填报结汇方式。常见的结汇方式有：信汇(M/T)(1)、电汇(T/T)(2)、票汇(D/D)(3)、付款交单(D/P)(4)、承兑交单(D/A)(5)、信用证(L/C)(6)。

填报要求如下：

① 出口报关单填报结汇方式，按照海关规定的"结汇方式代码表"选择填报相应的结汇方式名称或代码。

② 出口货物报关单"结汇方式"栏必须填，不得为空。

③ 出口货物不需结汇的，应填报"其他"。

④ 进口报关单本栏免予填报。

(2) 许可证号：进(出)口许可证、两用物项和技术进(出)口许可证、两用物项和技术进(出)口许可证(定向)、出口许可证(加工贸易)、出口许可证(边境小额贸易)5 类证件的编号。

知识链接

此栏与随附单据栏目的区别：除上述 5 类许可证以外的其他的监管证件不填报在"许可证号"栏，而应当在"随附单据"栏填报，如"自动进口许可证"应当在"随附单据"栏填报，而不填于此。

填报要求如下：

① 一份报关单只允许填报一个许可证号。非许可证管理商品本栏为空。

② 一般在给出的中文的补充材料中去查找。

(3) 批准文号：进口货物报关单进口付汇核销单编号。出口货物报关单本栏目用于填报“出口收汇核销单”编号。

填报要求如下：

① 进口报关单不需填报。

② 出口报关单填报出口收汇核销单编号。

③ 出口不需要使用出口收汇核销单贸易方式的货物，本栏无需填报。

(4) 合同协议号：在进出口贸易中，买卖双方或数方当事人根据国际贸易惯例或国家的法律、法规，自愿按照一定的条件买卖某种商品所签署的合同协议的编号。

合同协议号一般在单证中查找，如 Contract No. 、Order No. 。

(5) 随附单据：随进(出)口货物报关单一并向海关递交的单证或文件。本栏填写在“许可证号”栏填报的进出口许可证以外的监管证件。

填报要求：本栏目填报其代码及编号。格式为：“监管证件代码：监管证件编号”；有两个以上监管证件的，其中一个填在本栏，其他填制在备注栏。

【课堂思考】

自动进口许可证填在此栏目吗?

(6) 标记唛码及备注：运输标志的俗称。

填报要求如下：

① 除图形以外的所有文字和数字。

② 受外商投资企业委托代理其进口投资设备、物品的外贸企业名称填写“委托××公司进口”。

③ 关联的备案号。

④ 关联报关单号。

⑤ 有多个监管证件的，除第一个监管证件以外的其余监管证件和代码。

⑥ 涉及多个集装箱的，除第一个集装箱以外的其余的集装箱号。

⑦ 其他申报时必须说明的事项，如来料加工出口成品报关单在备注栏注明料件费与工缴费金额。

⑧ 一般在单证中查找，其英文为 Marks、Marking、MKS、Marks & No. 、Shipping Marks 等。

3. 表体主要栏目的填报

1) 项号

(1) 贸易方式为一般贸易，备案号为空时，项号填报一行，填报货物在报关单中的商品序号。

(2) 有征免税证明或登记手册的商品本栏目要分两行填报。其中，第一行填报报关单中的商品排列序号(01、02、03)；第二行填报该项货物在加工贸易手册中的项号、征免税证明或对应的原产地证书的商品项号。

2) 商品编号

商品编号由10位数字组成，前8位为《中华人民共和国进出口税则》确定的商品编码，后两位为海关附加编号。此栏要填10位海关商品编码。

商品编号(H. S. Code)可在已给出的单证中找到。

3) 商品名称、规格型号

(1) 第一行填报进出口货物规范的中文商品名称。

(2) 第二行填报规格型号。

(3) 汽车零部件的填报要求：进口汽车生产件的填报要求；进口汽车维修件的填报要求。

4) 申报要素

为了规范进出口企业申报行为，提高申报数据质量，促进贸易便利化，海关制定了《海关进出口商品规范申报目录》，进出口货物收发货人或其代理人在报关时应当严格按照《海关进出口商品规范申报目录》中关于规范申报商品品名、规格的要求填制报关单。

【课堂思考】

现有一商品为粗锯成方的柚木原木，直径40～50cm，长400～500cm，经查询规范申报后，得出以下内容。

(1) 商品编码：4403.4910，即原木，不论是否去皮、去边材或粗锯成方的柚木。

(2) 申报要素：品名、种类(中文及拉丁学名)、直径、长度、级别(锯材级、切片级等)。

请问报关单上“商品名称、规格型号”栏目怎么填?

5) 数量及单位

数量及单位指进(出)口商品的实际数量及计量单位，按海关法定计量单位和成交计量单位填报。

(1) 法定第一计量单位及数量应填报在本栏目第一行。

(2) 凡列明海关第二法定计量单位的，必须填报第一及第二法定计量单位及数量。第二计量单位填在本栏第二行。若没有第二计量单位，则第二行空着。

(3) 以成交计量单位申报的，则成交单位及数量填在本栏第三行。如果成交计量单位与法定计量单位一致，则本栏目第三行为空。成交计量单位一般从“单价”信息去判断。

6) 原产国(地区)/最终目的国(地区)

按“国别(地区)代码表”选择填报相应的国别中文名称或代码。

7）单价、总价、币制

单价：本栏应填报同一项号进(出)口货物实际成交商品单位价格。总价：本栏目应填报同一项号下进(出)口货物实际成交的商品总价。币制：进出口货物实际成交价格的币种。

在给出的原始单据中，找到 Unit Price，它所对应的数据就是单价；在给出的原始单据中，找到 Total Amount、Total Value 所对应的数据就是总价；单价、总价栏目，如果数据非整数，其小数点后保留 4 位，第 5 位及以后略去。

8）征免

本栏填写的是“征减免税方式的名称”。

4. 表尾的填报

预录入编号、海关编号、税费征收情况、录入员及录入单位、申报单位、海关审单批准放行日期(签章)。

三、如何审核报关单

1. 对申报单证的具体要求

（1）完整、准确。

① 有无缺少相关监管证件、相关证明(如品质证明、原产地证明等)。

② 单证格式有无错误。

③ 许可证件是否超量。

（2）反映实际的贸易情况。

（3）对价格、原产地的充分描述。

根据实际情况，有无包括特许权使用量、佣金、优惠等产地政策等。

2. 对货物的充分描述

按照《规范申报目录》申报品、规格等。

【任务完成】

林雨接到任务，某公司准备出口袜子(中外合资台州某袜业有限公司采用国产原料生产袜子自行出口，出口收汇核销单号 319403360)，公司业务员交来业务单据及企业自行制作的报关单。林雨拿到单据后，在确认报关资料已经齐全的基础上，要核对企业提供的报关单内容，以便自己准确录入报关数据。林雨拿到的单据如下所示：

TAIZHOU HWARO SOCKING CO., LTD.

COMMERCIAL INVOICE

To:M/S BELL TEX CO., LTD.
KAGAKU SENI-KAIKAN 2F
4-6-8,KAWARA-MACHI,CHUO-KU,
OSAKA JAPAN

Invoice No.: HZ0807-10

S/C No.: 08HZ-US225P

From:SHANGHAI CHINA to
Shipped per BLUE STAR SW096E upon Bill of lading BOSARSB81101
Sailing on
or about JUL 11 2012 TO SAN FRANCISCO (FINAL DESTINATION)
l/c no: REMITTANCE BY BANKERS DEMAND DRAFT

Marks and Numbers	Number and kind of package Description of goods	Quantity Unit Price	Amount
	PANTY STOCKING		
C/NO	150-4191 5280 PCS/440 DOZENS	JPY148.00/pcs	JPY781440.00
PANTY HOSE	HIGH SOCKS		
MADE IN CHINA	350-4161 840PCS/70 DOZENS	JPY88.00/pcs	JPY73920.00
	350-4171 840PCS/70 DOZENS	JPY83.00/pcs	JPY69720.00
TOTA L	58CARTONS/580DOZ/6960PCS	CNF OSAKA	JPY925080.00

TAIZHOU HWARO STOCKING CO.,LTD

TAIZHOU HWARO STOCKING CO.,LTD.

PACKING LIST

To:BELL TEX CO.,LTD.
OSAKA KAGAKU SENI-KAIK AN 2F
4-6-8,KAWARA-MACHI,CHUO-KU,

Invoice No.: HZ0370-10
Invoice Date: JUL 10 2012

Consignee:

Country of Origin: CHINA
Country of Destination

Means of Transport and Route

Remark

From SHANGHAI **via** OSAKA
To SANFRANCISICO

Terms of Payment

Numbers	Package	Quantity , Description of goods	G. Weight	N. Weight	Meas.
C/NO PANTY HOSE MADE IN CHINA	8 PALLET	150-4191 5280 PCS/440 DOZENS NO(1-44) HIGH SOCKS	7KG	6KG	0.046M3
		350-4161 840PCS/70 DOZENS NO(45-51)	6KG	5KG	0.023M3
		350-4171 840PCS/70 DOZENSNO(52-58)	6KG	5KG	0.029M3
		TOTAL 58CARTONS/580DOZ/6960PCS IN 58 CARTONS	334KG	392KG	4.40M3

TAIZHOU TRADING COMPANY

中华人民共和国出口货物报关单

预录入编号：　　　　　　　　　　　　　　海关编号：

出口口岸		备案号	出口日期	申报日期
经营单位		运输方式 2	运输工具名称 BLUE STAR/SW096E	提运单号 BL－HASOSARSB81101
发货单位		贸易方式 一般贸易	征免性质 101	结汇方式 信用证
许可证号		运抵国(地区) 美国	指运港 旧金山	境内货源地
批准文号 319403360	成交方式 2	运费	保费	杂费
合同协议号	件数	包装种类 打	毛重(千克)	净重(千克)
集装箱号 0		随附单据		生产厂家
标记唛码及备注				

项号	商品编号	商品名称、规格型号	数量及单位	最终目的国(地区)	单价	总价	币制	征免
01				美国			116	照章征税

税费征收情况

录入员　　录入单位	兹声明以上申报无讹并承担法律责任 申报单位(签章)	海关审单批注及放行日期(签章) 审单　　　　审价
报关员 单位地址：　　　　电话： 邮编：	填制日期：	征税　　　　统计 查验　　　　放行

【执业资格考试复习题】

1. 运输工具载运货物于2012年3月20日抵达宁波北仑，公司报关员于2012年3月22日向宁波北仑海关申报货物进境。则进口口岸、进口时间分别为(　　)。

A. 宁波口岸3100　20120320

B. 宁波北仑口岸3104　20120322

C. 宁波口岸3100　20120322

D. 宁波北仑口岸3014　20120320

2. 北京某商贸有限公司(1101250756)委托辽宁某化工进出口公司(2102911013)与日本签约进口叉车。经营单位和收货单位分别填(　　)。

A. 辽宁某化工进出口公司2102911013　北京某商贸有限公司1101250756

B. 北京某商贸有限公司1101250756　北京某商贸有限公司1101250756

C. 北京某商贸有限公司1101250756　北京某商贸有限公司1101250756

D. 北京某商贸有限公司1101250756　辽宁某化工进出口公司2102911013

3. 某公司进口纯棉花8000千克，其中6000千克用于加工产品后再出口，并事先在海关备案，加工手册号为C04052254621，而另外的2000千克用于加工产品在国内销售。请问要填(　　)。

A. 一份报关单(一般进口货物报关单)

B. 一份报关单(一般出口货物报关单)

C. 一份加工贸易报关单

D. 一份进口货物报关单(用于2000千克纯棉花进口内销报关)；一份加工贸易报关单(用于6000千克纯棉花进口加工后复出口)

4. 2010年12月1日，广州上海某公司从国外进口聚丙烯，合同上关于运输条款信息为“Vessel：EAST EXPRESS；Voyage：801E”，同时在向口岸海关办理转关手续(转关申报单编码@073104999950××××)后，运抵指运地海关办理正式进口报关手续，运输工具名称栏应填(　　)。

A. EAST EXPRESS/801E　　B. @073104999950××××

C. 073104999950××××　　D. @

5. 根据Bill of Lading提供的信息：

Port of loading：Nelson New Zealand

Port of Discharge：HongKong

Port of Deliver：Xiamen China

2nd Vessel to BE ARRANGED BY CARRIER

根据商业发票提供的信息：

Port of loading：Nelson

Port of Discharge：Xiamen China

Port of Deliver：Xiamen China

分析装货港为(　　)。

A. Xiamen　　B. HongKong　　C. Nelson

6. Invoice & Packing List：8 cases of machines

Bill of Lading：Number an kind of packages：10 cases

分析包装数量、包装种类栏目(　　)。

A. 8 木箱　　B. 10 木箱　　C. 18 木箱

7. 南京某企业进口“中泰蔬菜水果协定”项下的一批水果，包括鲜菠萝、鲜番石榴、鲜柚子 3 种商品。该单位向海关提供的《原产地证明书》编号为 Y2004069813，证明书上所列商品排列顺序为：鲜菠萝、鲜番石榴、鲜柚子。上述商品该单位未采用原产地证明书网络管理系统及 H2000 通关系统向海关申报。备案号应填报为(　　)。

A. Y　　B. Y2004069813　　C. 不填

8. 北京某单位海运出口一批货物，向北京海关朝阳办事处申报后，直接转关至天津新港海关出境。该批货物在出口转关运输货物报关单的预录入编号为：022012020531800256。出口转关运输货物申报单的运输工具名称应填报为(　　)。

A. 022012020531800256

B. @ 022012020531800256

C. 免填

9. 某企业一般贸易海运进口一批医用 X 光机零件，《中华人民共和国自动进口许可证》编号：11002003310356，其许可证号应填报在(　　)。

A. 许可证栏　　B. 随附单证　　C. 不填

10. 某企业一般贸易海运进口钢铁制螺母，规格 24 毫米、型号 8481，成交量 10000 个，重 1000 千克，其数量及单位应填报为(　　)。

A. 1000 千克　　B. 1000 千克　10000 个

C. 10000 个　　D. 钢铁制螺母　24 毫米，8481　10000 个

11. 请对该商品进行归类：一种可用微波炉加热的方便快餐食品，净含量 250 克，其中含面条 150 克、鸡块 50 克、卷心菜 30 克、鱿鱼丝 20 克，食品已预先烧制过，装于一次性泡沫塑料盒中。

12. 请对该商品进行归类：用羊毛绒线手工钩编的婴儿鞋。

13. 请对该商品进行归类：机场提供旅客专用的行李车。

14. 请对该商品进行归类：“金利来”牌男式机织真丝领带。

15. 请对该商品进行归类：“三明治”，上下两层面包片，中间牛肉，牛肉占 30%。

第三篇

主要业务操作

ZHUYAO YEWU CAOZUO

【学习目标】

(1) 准确把握海关对一般进出口货物的监管要求。
(2) 能初步制定完成一般进出口货物的通关方案。
(3) 能完成一般进出口货物通关、配合查验、缴税等工作。
(4) 准确把握海关对保税货物的监管要求。
(5) 能办理保税加工货物前期备案、料件进口报关、配合海关中期核查、成品出口报关、后期报核等手续。
(6) 准确把握海关对保税物流货物的监管要求。
(7) 能对特定减免税货物、暂准进出境货物等开展通关工作。

【操作内容】

(1) 一般进出口货物通关。
(2) 保税货物通关。
(3) 其他货物通关。

操作一 一般进出口货物通关

【任务描述】

浙江洋洋进出口有限公司向智利出口一批盐水鲭鱼罐头，委托某物流有限公司办理报关业务。报关员林雨从浙江洋洋进出口有限公司业务员处拿到以下业务资料：

资料 1 装货单

资料 2 商业发票

资料 3 装箱单

林雨接到任务后，需要明确以下问题：

（1）本次申请报关货物的通关有什么具体要求？

（2）申报时需要准备哪些资料？

（3）如何配合海关完成海关监管任务？

【知识复习】

一、什么是一般进出口货物

1. 一般进出口货物的概念

一般进出口货物是指在进出境环节缴纳了应征的进出口税费并办结了所有必要的海关手续，海关放行后不再进行监管，可以直接进入生产和消费领域的进出口货物。

一般进出口货物具有以下特征：

（1）在进出境环节要缴纳进出口税费。“进出境环节”是指进口货物办结海关手续以前、出口货物已向海关申报但尚未装运离境时，处于海关监管之下的状态。在这一环节，进口货物的收货人、出口货物的发货人应当按照海关法和其他有关法律、法规的规定，向海关缴纳关税、海关代征税、规费及其他费用。

（2）进出口时要提交相关的许可证件。货物进出口受国家法律、行政法规管制并需要申领进出口许可证件的，进出口货物收、发货人或其代理人应当向海关提交相关的进出口许可证件。

（3）海关放行即办结海关手续。海关征收了全额的税费，审核了相关的进出口许可证件以后，按规定签章放行。这时，进出口货物收、发货人或其代理人才能办理提取进口货物或者装运出口货物的手续。对一般进出口货物来说，海关放行即意味着海关手续已经全部办结，海关不再监管，货物可以在关境内自由流通或运往境外。

一般进出口货物与一般贸易货物的区别如下：

（1）一般进出口货物是海关监管货物的一种类型。除一般进出口货物外，海关监管货物类型还有保税货物、特定减免税货物、暂准进出境货物、过境、转运、通运货物等。

（2）一般贸易是国际贸易的一种交易方式，除一般贸易外，国际贸易交易方式还有加工贸易等。按一般贸易交易方式进出口的货物即为一般贸易货物。在不同的进出口业务中，一般贸易货物可能会属于不同的海关监管条件，见表3-1。

表3-1　一般贸易货物的不同监管类型

项　目	海关手续办理情况	对应的监管类型
一般贸易货物	按一般进出口监管制度办理	一般进出口货物
	可以享受特定减免税优惠	特定减免税货物
	经批准按保税监管制度办理	保税货物

2. 一般进出口货物的范畴

除特定减免税货物以外的实际进出口货物都属于一般进出口货物。保税货物、暂准进出口货物进出境后，如果改变“保税”或者“暂时”状态，转为实际进出口的，应当向海关补办实际进出口的申报、纳税手续。这时，保税货物、暂准进出口货物就改变了海关监管性质，成为了一般进出口货物。具体来说，一般进出口货物包括以下种类：

（1）一般贸易方式进出口货物。

（2）转为实际进口的保税货物、暂准进境货物，转为实际出口的暂准出口货物。

（3）易货贸易、补偿贸易进出口货物。

（4）不批准保税的寄售、代销贸易货物。

（5）承包工程项目实际进出口货物。

（6）外国驻华商业机构进出口陈列用的样品。

（7）外国旅游者小批量订货出口的商品。

（8）随展览品进境的小卖品。

（9）免费提供的进口货物。例如，外商在经济贸易活动中赠送的进口货物、外商在经济贸易活动中免费提供的试车材料等，我国在境外的企业、机构向国内单位赠送的进口货物等。

【课堂思考】

以下哪种是一般进出口货物？（　　）

A. 某加工贸易企业经批准从德国进口一零部件，用于加工生产成品并出口

B. 某境外商人免费提供机器设备一套给国内厂家，用于进行来料加工

C. 某进出公司进口一批椅子，用于在国内市场销售

3. 相关任务操作

为更好地开展报关业务，林雨设计了以下报关方案：

（1）向海关进行电子申报。

（2）得到海关审核之后打印报关单并随同其他单据到海关进行现场审核。

（3）办理相关缴税手续。

（4）得到海关放行的通知后及时通知企业。

讨论：林雨的报关方案设计得合乎程序吗？结合本次业务的实际情况，说说这里提到的其他单据包括哪些单据？

二、一般进出口货物报关有哪些要点

报关程序按时间先后分为 3 个阶段：前期阶段、进出境阶段、后续阶段。但一般进出口货物的报关程序没有前期阶段和后续阶段，只有进出境阶段，这个阶段由 4 个环节构成，即：进出口申报、配合查验、缴纳税费、办结海关手续，如图 3.1 所示。

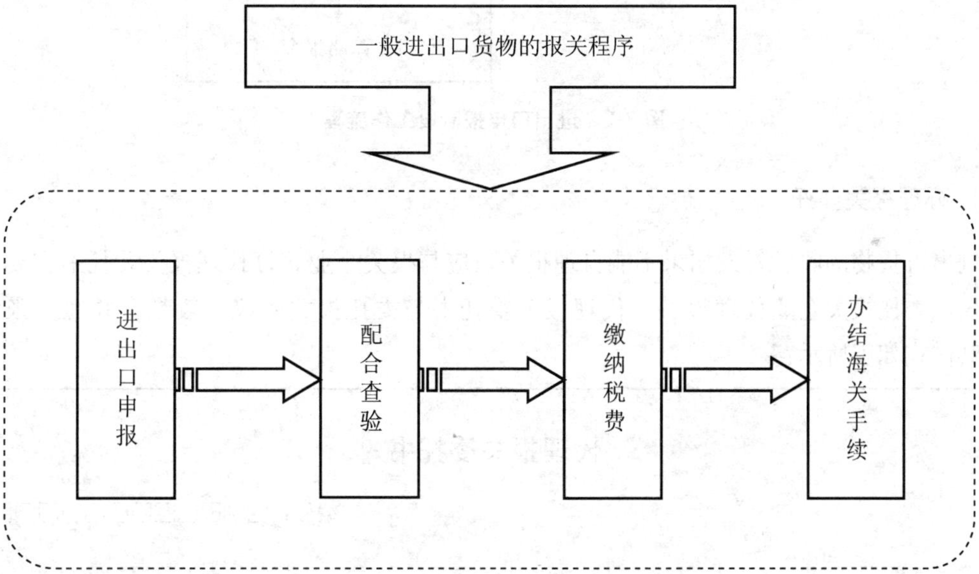

图 3.1　一般进出口货物的报关程序

在进出口申报阶段，报关工作包括确定申报地点、明确申报期限、判断申报日期及有无滞报（如果滞报还要计算滞报金）、准备申报单证、申报前看货取样、选择申报方式、提交纸质报关单及随附单证，必要时还要修改申报内容或撤销申报。进出口申报阶段的具体工作流程如图 3.2 所示。

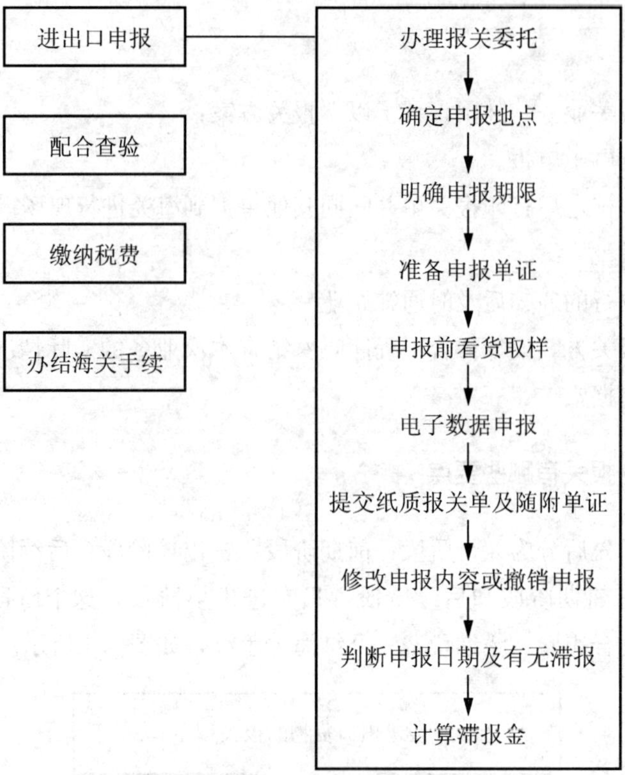

图 3.2　进出口申报阶段工作流程

1. 办理报关委托

进出口货物的收发货人如果不能自理报关，应与报关企业签订代理报关委托书和委托报关协议，委托报关企业代理报关。代理报关委托书与委托报关协议一般是合并在一张纸上的，其样式如下所示：

代理报关委托书

编号：□□□□□□□□□□□□□□□

________________：

我单位现　　　(A. 逐票、B. 长期)委托贵公司代理　　　等通关事宜。(A. 报关查验 B. 垫缴税款 C. 办理海关证明联 D. 审批手册 E. 核销手册 F. 申办减免税手续 G. 其他)详见《委托报关协议》。

我单位保证遵守《海关法》和国家有关法规，保证所提供的情况真实、完整、单货相符。否则，愿承担相关法律责任。

本委托书有效期自签字之日起至　　年　月　日止。

委托方(盖章)：

法定代表人或其授权签署《代理报关委托书》的人(签字)：

年　月　日

委托报关协议

为明确委托报关具体事项和各自责任，双方经平等协商签订协议如下：

委托方	
主要货物名称	
HS编码	□□□□□□□□□□□
进出口日期	
提单号	
贸易方式	
原产地/货源地	
传真	0574－3456××××
其他要求：	
背面所列通用条款是本协议不可分割的一部分，对本协议的签署构成了对背面通用条款的同意。	
委托方业务签章： 经办人签章： 联系电话： 年　月　日	

被委托方		
＊报关单编码	No.	
收到单证日期		
收到单证情况	合同□	发票□
	装箱清单□	提单□
	加工贸易手册□	许可证件□
	其他	
报关收费	人民币：　　元	
承诺说明：		
背面所列通用条款是本协议不可分割的一部分，对本协议的签署构成了对背面通用条款的同意。		
被委托方业务签章： 经办报关员签章： 联系电话： 年　月　日		

（白联：海关留存、黄联：被委托方留存、红联：委托方留存）　　中国报关协会监制

2. 确定申报地点

在一般情况下，进口货物的收货人或其代理人应当在货物的进境地向海关申报；出口货物的发货人或其代理人应当在货物的出境地向海关申报。

当进出口货物申请办理转关运输手续时，进口货物的收货人或其代理人应当在设有海关的货物指运地(目的地)申报，出口货物的发货人或其代理人应当在设有海关的货物起运地申报。

以保税货物、特定减免税货物、暂准进境货物申报进境的货物，因故改变使用目的从而改变性质，转为实际进口的货物，进口货物的收货人或其代理人应当向货物所在地的主管海关申报。

3. 明确申报期限

进口货物的申报期限为自装运货物的运输工具申报进境之日起 14 日内(从运输工具申报进境之日的第二天起算)。申报期限的最后一天是法定节假日或休息日的，顺延至法定节假日或休息日后的第一个工作日。

出口货物的申报期限为货物运抵海关监管区后、装货的 24 小时以前，在这个时间未完成报关手续的货物将无法按期装运出境。

经电缆、管道或其他特殊方式进出境的货物，进出口货物的收发货人或其代理人应当按照海关的规定定期向指定的海关申报。

进口货物的收货人未按规定期限向海关申报的，由海关按《海关法》的规定征收滞报金。

进口货物自装载货物的运输工具申报进境之日起超过 3 个月仍未向海关申报的，货物由海关按照《海关法》的规定提取变卖处理。对不宜长期保存的货物，海关可以根据实际情况提前处理。

4. 相关任务操作

报关员林雨收到公司业务员递交过来的发票(表 3－2)、装箱单(表 3－3)和销售确认书(表 3－4)报关资料。如果你是林雨，请分析企业递交的资料是否齐全？如要补充，应该补充哪些资料？如何办理相关资料？

表 3－2 发票

浙江洋洋进出口有限公司

ZHEJIANG YANGYANG I/E CO.，LTD.

TO：M/S

号码
NO.：
订单或合约号码
Sales Confirmation No.
日期：
Date：

COMMERCIAL INVOICE

装船口岸
From：NINGBO

目的地：
TO：VALOARAISO，CHILE

信用证
Letter of Credit No.：T/T

开证银行：
Issued By：

唛头 Marks & No.	货名数量 Quantity & Description	单价 Unit Price	总值 Amount
N/M	8000 cartons of canned horse mackerel in brine Brand name：ice	FOB NINGBO USD 25.00/CTN	USD 200,000.00

表 3-3 装箱单

浙江洋洋进出口有限公司

ZHEJIANG YANGYANG I/E CO.，LTD.

号码

NO.：L343－2

订单或合约号码

Sales Confirmation No. ABC232

日期：

Date：APR. 20，2012

装箱单(重量单)

PACKING LIST

ART. NO.	PKG. NO. S	PKGS.	PACKING	GR. WT. (KGS.)	NET WT. (KGS)	NEASUPEMENT
8000 cartons of canned horse mackerel in brine				98000	80000	

表 3-4　销售确认书

ZHEJIANG YANGYANG I/E CO.，LTD.

Tel：×××××××××　Fax：×××××××××

SALES CONFIRMATION

Zhejiang Yangyang I/E Co.，Ltd.

Date/日期：18-Mar-12

Contract No./合同号：ABC232

Jiefang Road，haishu district，Ningbo City，

Zhejiang Province，China

Tel：0574-8822××××

Fax：0574-8241××××

(1) Name of Commodity & Specifications	(2) Quantity	(3) Unit Price	(4) Amount
8000 cartons of canned horse mackerel in brine	8000 cartons	FOB NINGBO USD 25.00/CTN	200,000 USD 200,000.00

(5) 装运期及运输方式

Time of Shipment & Means of Transportation BEF ORE THE END OF APR.，2012 BY SEA

装运口岸　目的港

PORT OF LOADING NINGBO PORT OF DESTINATION VALPARAISO，CHILE

(6) 付款条件

Terms of payment：T/T

(7) 保险由买方投保

Insurance：To be effect by the buyer

(8) 仲裁

L/C ISSUING DATE NOT LATER THAN MAR 30TH 2010

ORIGIN：INDONESIA

PACKING：25KGS MANUFACTURER'S STANDARD EXPORT PACKING

FROM：SHANGHAI BONDED WAREHOUSE

DESTINATION：SHANGHAI

PAYMENT：BYL/C AT 90 DAYS FROM DELIVERY ORDER DATE

REMARK：PREFER ADVISING BANK：

BANK INTERNATIONAL NINGBO

SWIFT CODE：BINHCN2N

ACCEPTED AND CONFIRMED BY（双方签字盖章）

买方确认签署

Confirmed by

浙江洋洋进出口有限公司

ZHEJIANG YANGYANG I/E CO.，LTD.

Confirmed by

表 3-4 销售确认书(续)

NINGBO YANGYANG I/E CO.，LTD.

Tel：××××××××　FAX：××××××××

SALES CONFIRMATION

Ningbo Yangyang I/E Co.，Ltd.

Date/日期：19-Mar-12
Contract No./合同号：WKEZC08245A

Jiefang Road，haishu district，Ningbo City，
Zhejiang Province. China
Tel：0574-8822××××
Fax：0574-8241××××

Name of Commodity & Specifications	Quantity	Unit Price	Amount
SOLAR LIGHT	5000SETS	FOB NINGBO	35000
	5000SETS		USD35000

装船口岸 PORT OF SHIPMENT：NINIGBO
装船期限 TIME OF SHIPMENT：
付款条件 TIME OF PAYMENT：T/T
目的口岸 PORT OF DESTINATION：USA
唛头 SHIPPING MARKS：
SWIFT CODE：BINHCN2N

ACCEPTED AND CONFIRMED BY（双方签字盖章）

NINGBO YANGYANG I/E Co.，LTD.
Signature

BRITE CO.，LTD.
Signature

PACKING LIST

发票号码：
Invoice no. ________
合同号：
s/c no. ________
日期

DATE：________
装船口岸：
FROM：NINGBO
信用证号：
Letter of credit no.

目的地：TO USA
开证银行：
issued by

唛头 MARKS & NO.	规格 SPECIFICATION	箱数 CTNS	数量 QUANTITY	毛重 GR. WT.	净重 NET. WT.	尺寸 MEASUREMENT
	SOLARLICHT	820CTNS	5000SETS	6800KGS	6000KGS	
	TOTAL	820CTNS	5000SETS	6800KGS	6000KGS	

三、什么是申报单证

1. 申报单证的类型

申报单证可以分为报关单和随附单证两大类。报关单是报关员按规定格式填制的申报单。随附单证包括基本单证和特殊单证两种。基本单证是进出口货物相关的货运单据和商业单据，申报时一般都必须提交；特殊单证是指有贸易管制措施的进出口货物、加工贸易方式进出口货物、享受减免税货物、退运货物等情况下，申报人应当向海关提交的除基本单证之外的其他单证。

申报单证的类型如图 3.3 所示。

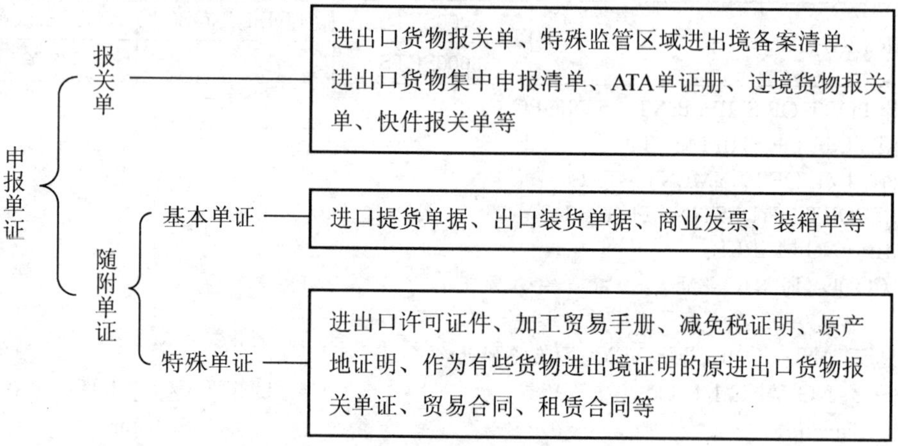

图 3.3　申报单证的类型

准备申报单证的基本原则是：基本单证、特殊单证必须齐全、有效、合法，报关单填制必须真实、准确、完整，报关单与随附单证的数据必须一致。

2. 相关任务操作

按照外贸管制的要求，林雨指导企业获取相关的申报单据，接下来需要向海关进行电子申报和现场交单审核。如何进行报关单录入？林雨要在哪个时间段内完成申报？如果逾期不申报，会造成哪些后果？

四、如何录入报关单

1. 数据录入和现场交单

在向海关进行申报之前，报关员应填写好报关单的内容。报关单分为电子数据报关单形式和纸质报关单形式，二者都是法定的申报方式，法律地位相同。在一般情况下，进出口货物的收、发货人或其代理人按先后顺序，先以电子数据报关单形式向海关申报，后提交纸质报关单。在某些边远地区，海关没有配备电子通关系统的，进出口货物的收、发货人或其代理人可以单独以纸质报告单形式向海关申报。在实行无纸通关项目的海关，进出口货物的收、发货人或其代理人也可以单独以电子数据报关单形式向海关申报。

在发送报关单电子数据时，进出口货物的收、发货人或其代理人可以选择以下3种电子报关方式之一，将报关单内容录入海关电子计算机系统，生成电子数据报关单。

(1) 终端申报方式。申报人前往设于报关场所附近指定地点的申报终端进行申报。其优点是传送速度快，不受海关参数设置的限制，但终端数据受海关主机容量的限制，受场地限制，不利于“远程”报关。

(2) EDI申报方式。EDI是英文Electronic Data Interchange的缩写，意思是“电子数据交换”。EDI申报方式指申报人自行或委托专业报关企业使用EDI系统录入数据，数据录入不受海关主机的影响，也不受场地的限制，有利于“远程”报关，但EDI申报方式易受海关参数调整的影响，也易受网络稳定性的影响。

(3) 网上申报方式。申报人登录“中国电子口岸”网站(http://www.chinaport.gov.cn/)，自行录入数据。这种方式使“远程”报关真正成为现实，在网上基本能办理与“报关”有关的一切业务。

如录入电子申报数据的计算机接收到海关发送的接受申报的信息，就表示电子申报成功；如果接收到的是海关不接受申报的信息，则应根据信息提示修改申报数据后重新申报。

提交纸质报关单及随附单证。进出口货物的收、发货人或其代理人完成电子申报后，自海关发出“现场交单”或“放行交单”电子信息之日起10日内，持打印的纸质报关单，备齐规定的随附单证并签名盖章，到货物所在地海关提交书面单证，办理相关海关手续。

2. 录入报关单

《海关法》规定：“进出口货物的收货人、出口货物的发货人应当向海关如实申报，交验进出口许可证件和有关单证。”其中一份重要的单证即报关单。报关单是进出口货物的收发货人或其代理人按照海关规定格式对进出口货物的实际情况做出书面申请，以此要求海关对其货物按适用的海关制度办理通关手续的法律文书。

3. 修改申报内容或撤销申报

海关接受申报以后，报关单及随附单证的内容不得修改，申报也不得撤销。但是有以下正当理由的，经海关同意，申报人可以修改申报内容或者撤销申报后重新申报。

第一类情况：进出口货物收发货人要求修改或撤销，包括下列情形。

(1) 报关人员操作或书写失误造成申报差错，但未发现有走私违规或者其他违法嫌疑的。

(2) 出口货物放行后，由于装配、装运等原因造成原申报货物全部或部分退关、变更运输工具的。

(3) 进出口货物在装载、运输、存储过程中因溢短装、不可抗力的灭失、短损等原因造成原申报数据与实际货物不符的。

(4) 根据国际惯例先行采用暂时价格成交、实际结算时按商检品质认定或国际市场实际价格付款方式因而需要修改原申报单据的。

(5) 由于计算机、网络系统等方面的原因导致电子数据申报错误的。

(6) 其他特殊情况经海关核准同意的。

注意：海关已经决定布控、查验的进出口货物以及涉及有关案件的进出口货物的报关单在“办结”前不得修改或撤销。

修改或撤销须提交以下单据：

(1) 进出口货物报关单修改/撤销申请表。

(2) 可以证明货物实际情况的合同、发票、装箱单。

(3) 外汇管理、国税、检验检疫、银行等有关部门出具的单证。

(4) 应税货物的《海关专用缴款书》、用于办理收付汇和出口退税的进出口货物报关单证明联等海关出具的相关单证。

第二类情况：海关发现报关单需要进行修改或撤销而进出口货物收发货人或其代理人未提交申请的，海关应当通知进出口货物收发货人或其代理人。在收发货人或其代理人填写并确认《进出口货物报关单修改/撤销确认书》的内容后，由海关对报关单进行修改或撤销(海关不能直接修改或撤销)。

注意：因修改或者撤销进出口货物报关单导致需要变更、补办进出口许可证件的，进出口货物收发货人或其代理人应当向海关提交相应的进出口许可证件。

由于进出口货物的收、发货人或其代理人的申报错误构成违反海关法的，海关可以对进出口货物的收、发货人或其代理人进行处罚。对其中违反海关监管规定的，进出口货物的收、发货人或其代理人接受海关处罚后，可以申请修改申报内容或者撤销申报后重新申报。对其中构成走私、海关作出没收货物处罚的，不允许修改申报内容或者撤销申报后重新申报。

4. 判断申报日期

申报日期是指申报数据被海关接受的日期。

(1) 先电子数据报关单申报，后提交纸质报关单，或者仅以电子数据报关单方式申报的，申报日期为海关计算机系统接受申报数据纪录的日期。电子数据报关单经检查被计算机退回的，视为海关未接受申报，进出口货物收发货人应按要求修改后重新申报，申报日期为海关接受重新申报的日期。海关已接受的电子数据报关单经人工审核后需要修改的，进出口货物收发货人应当按规定修改并重新发送，但申报日期仍为海关原接受申报的日期。

(2) 先纸质报关单申报，后补报电子数据，或者仅以纸质报关单方式申报的，申报日期为海关工作人员在报关单上作登记处理的日期。

如果进口货物的申报日期超过申报期限，则构成滞报，海关将对收货人征收滞报金。

5. 计算滞报金

滞报金是海关对未在法定申报期限内向海关申报进口货物的收货人采取的依法加收属经济制裁性的款项。进口货物滞报金按日计征，征收的天数(就是滞报的天数)要看计征的起始日和截止日情况。

一般情况：计征起始日为运输工具申报进境之日起第15日，但计征起始日如果刚好是法定节假日，则顺延至其后第一个工作日。计征截止日为海关接受申报之日。起始日和截止日均计入滞报期间。

特殊情况一：进境货物收货人在向海关传送报关单电子数据后，若未在规定期限或核准的期限内提交纸质报关单，海关予以撤销电子数据报关单处理，进口货物收货人因此重新向海关申报并产生滞报的，滞报金的征收以自运输工具申报进境之日起第15日为计征起始日，以海关重新接受申报之日为截止日。

特殊情况二：进口货物收货人申请并经海关核准必须撤销原电子数据报关单时，收货人重新申报并产生滞报的，滞报金的征收，以撤销原电子数据报关单之日起第15日为计征起始日，以海关重新接受申报之日为截止日。

特殊情况三：进口货物因收货人自装载货物的运输工具申报进境之日起超过3个月仍未向海关申报，被海关提取作变卖处理后，收货人申请发还余额时，海关征收滞报金，以运输工具申报进境之日起第15日为起始日，以该3个月期限的最后一天为截止日。

滞报金的日征收金额为进口货物完税价格的0.5‰，以人民币“元”为计征单位，不足人民币1元的部分免征。滞报金的起征点为人民币50元。计算公式如下：

进口货物滞报金＝进口货物完税价格×0.5‰×滞报天数

知识链接

法定节假日

法定节假日指国务院《全国年节及纪念日放假办法》第二条规定的“全体公民放假的节日”，具体包括新年(1月1日)、春节(农历除外，正月初一、初二)、清明节(农历清明当日)、中秋节(农历中秋当日)、国庆节(10月1日、2日、3日)，不含调休日。

五、如何配合查验

1. 什么是海关查验

海关查验是指海关为确定进出口货物收发货人向海关申报的内容是否与货物的真实情况相符，或者为确定商品的归类、价格、原产地等，依法对货物进行实际核查的行政执法行为。查验方式为彻底查验或抽查，查验方法为人工查验和设备查验。人工查验时，海关可以只查验外形，也可以开箱查验。海关查验时，进出口货物的收、发货人或其代理人应当到场配合查验。

知识链接

海关的设备查验

目前我国很多海关配备了机检查验设备——H986，其快速的查验速度不仅可以大大提高进出口货物的物流效率，而且能为企业节约通关成本，已日渐成为企业货物通关的“最爱”。在该设备投入使用前，对企业进出口货物进行查验时，海关主要采用传统的人工操作方式，查验一个集装箱货物至少需要约两个小时，有的还需要俗称“掏柜”的细查细验，既耗时，又增加企业费用。H986 机检查验设备投入使用后，海关对适合机检的商品进行分类，凡符合要求的货物首先使用机检查验，非必要时不采用人工开箱查验，通常情况下检查一个货柜只需耗时约 5 分钟，大大提高了查验速度。

在配合查验阶段，报关工作内容包括接收查验通知、确定查验时间和查验地点、配合海关查验、要求海关赔偿损坏货物等，具体工作流程如图 3.4 所示。

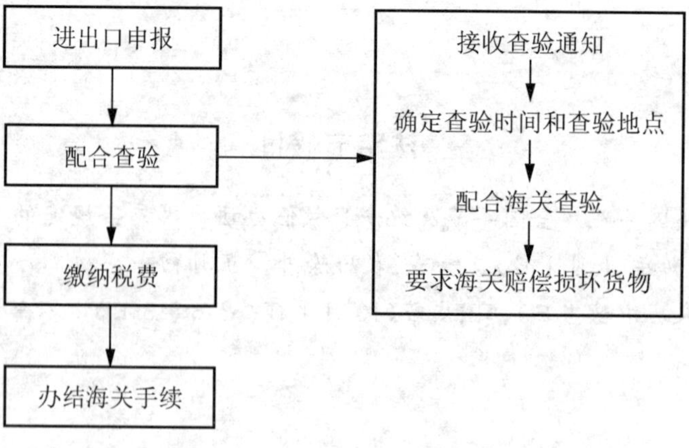

图 3.4　海关查验工作流程图

海关查验通知单样式如下所示：

海关查验通知单

海关编号：222920××××××××××××

×××报关有限公司：

你单位于×年×月×日申报的货物，经审核现决定实施查验，请联系港务等相关部门做好准备，于____月____日派员配合海关查验。

特此通知。

运货方式 水路运输（2）		提运单号 NYKS2363369×××	
存货地点 航交办(2229)		申报毛重(KG)2737	
包装种类 纸箱(2) 申报件数 391		申报净重(KG)2346	
序号	商品编号	商品名称	数量单位	总值
1	7616999000	铝盖(非工业用品)150144PCS	2346 千克	37,236.83 美元

联系人： 联系电话：

经办关员：2235××

签收人：

航交办(2229)

×年×月×日

注：海关查验通知一式两联，第一联报关单位留存，第二联海关留存。

2. 确定查验时间和地点

收到海关查验通知单以后，报关单位应确定查验时间和地点。

（1）查验时间。申报人在签收海关查验通知单时，应向海关约定查验的时间。查验时间一般约定在海关正常工作时间内。但是在一些进出口业务繁忙的口岸，海关也可应进出口货物的收、发货人或其代理人的要求，在海关正常工作时间以外安排查验作业。

（2）查验地点。查验地点应当在海关监管区内，它在海关发送的查验通知单中有说明，一般也就是存货地点。但如果因货物易受温度、静电、粉尘等自然因素影响，不宜在海关监管区内实施查验，或者因其他特殊原因需要在海关监管区外实施查验的，经货物的收、发货人或其代理人申请，海关可派员到海关监管区以外的地方查验货物。

3. 配合海关查验

海关查验货物时，进出口货物的收发货人或其代理人应当到场，并做好如下工作：

（1）负责按照海关要求搬移货物，开拆包装，以及重新封装货物。

（2）预先了解和熟悉所申报货物的情况，如实回答查验人员的询问及提供必要的资料。

（3）协助海关提取需要作进一步检验、化验或鉴定的货样，收取海关出具的取样清单。

（4）查验结束后，认真阅读查验人员填写的《海关进出境货物查验记录单》，注意以下情况的记录是否符合实际：开箱的具体情况、货物残损情况及造成残损的原因、提取货样的情况、查验结论。

查验记录准确清楚的，配合查验的报关员审阅后应即签名确认。如报关员不签名，由海关查验人员在查验记录中予以注明，并由货物监管场所经营人签名证明。

进出口收发货人对海关查验结论有异议时，可提出复验要求，经海关同意后，海关可以对已查验货物进行复验，即第二次查验。此外，海关认为有必要时也可以实施复验。

经海关通知查验，进出口货物收发货人或其代理人届时如果未到场时或进出口货物有违法嫌疑时，海关可以径行开验。

4. 要求海关赔偿损坏货物

在查验过程中，或者证实海关在径行查验过程中，因为海关关员的责任造成被查验货物损坏的，进出口货物的收发货人或其代理人可以要求海关赔偿。海关赔偿的范围仅限于在实施查验过程中，由于海关关员的责任造成被查验货物损坏的直接经济损失。直接经济损失的金额根据被损坏货物及其部件的受损程度确定，或者根据修理费确定。

以下情况不属于海关赔偿范围：

（1）进出口货物的收发货人或其代理人搬移、开拆、重封包装或保管不善造成的损失。

（2）易腐、易失效货物在海关正常工作程序所需时间内(含扣留或代管期间)所发生的变质或失效。

（3）海关正常查验时产生的不可避免的磨损。

（4）在海关查验之前已发生的损坏和海关查验之后发生的损坏。

（5）由于不可抗拒的原因造成货物的损坏、损失。

进出口货物的收发货人或其代理人在海关查验时对货物是否受损坏未提出异议，事后发现货物有损坏的，海关不负赔偿的责任。

六、如何缴纳税费及办结海关手续

进出口货物收发货人或其代理人将报关单及随附单证提交给货物进出境地的指定海关，海关对报关单进行审核，对需要查验的货物先由海关查验，然后核对计算机计算的税费，开具税款缴款书和收费票据。进出口货物收发货人或其代理人在规定时间内，持缴款书或收费票据向指定银行办理税费的交付手续。

在试行中国电子口岸网上缴税和付费的海关，进出口货物收发货人或其代理人可以通过电子口岸接收海关发出的税款缴款书和收费票据，在网上向指定银行进行税费的电子支付。一旦收到银行缴款成功的信息，即可报请海关办理货物放行手续。

在办结海关手续阶段，报关工作内容包括接收海关放行信息、提取货物或装运货物、申请签发海关证明等，具体工作流程如图 3.5 所示。

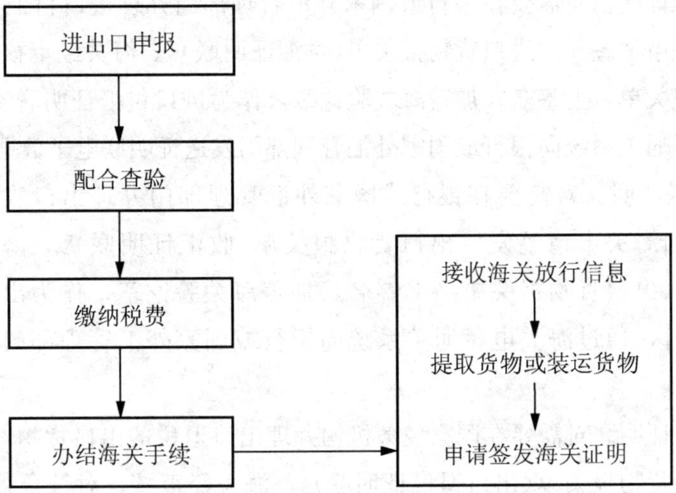

图 3.5　办结海关手续阶段工作流程

1. 接收海关放行信息

海关现场放行是指海关接受进出口货物的申报，审核电子数据报关单和纸质报关单及随附单证，查验货物，征收税费或接受担保以后，对进出口货物做出结束海关进出境现场监管决定，允许进出口货物离开海关监管现场的工作环节。

报关单位接收海关放行的形式有以下两种：

(1) 海关在进口货物提货凭证(如提货单)或者出口货物装货凭证(如装货单)上签盖海关放行章，进出口货物的收、发货人或其代理人签收进口提货凭证和出口装货凭证，凭以提取进口货物或将出口货物装运到运输工具上离境。

(2) 在实行“无纸通关”申报方式的海关，海关做出放行决定时，通过计算机将海关决定放行的信息发送给进出口货物的收、发货人或其代理人和海关监管货物保管人。进出口货物的收、发货人或其代理人从计算机上自行打印海关通知放行的凭证，凭以提取进口货物或将出口货物装运到运输工具上离境。

2. 提取货物或装运货物

进口货物的收货人或其代理人签收海关加盖放行章戳记的进口提货凭证，凭以到货物进境地的港区、机场、车站、邮局等地的海关监管仓库提取进口货物。

出口货物的发货人或其代理人签收海关加盖放行章戳记的出口提货凭证，凭以到货物出境地的港区、机场、车站、邮局等地的海关监管仓库办理将货物装运上运输工具运离关境的手续。

3. 申请签发海关证明

在办结海关手续阶段，报关单位视情况需要可以向海关申请签发有关的海关证明。

(1) 进口付汇证明。对需要在银行或国家外汇管理部门办理进口付汇核销的进口货物，报关员应当向海关申请签发《进口货物报关单(付汇证明联)》。海关经审核，对符合条件的，即在《进口货物报关单》上签名，加盖海关验讫章，作为进口付汇证明联签发给报关员。同时，通过海关电子通关系统向银行或国家外汇管理部门发送证明联电子数据。

(2) 出口收汇证明。对需要在银行或国家外汇管理部门办理出口收汇核销的出口货物，报关员应当向海关申请签发《出口货物报关单(收汇证明联)》。海关经审核，对符合条件的，即在《出口货物报关单》上签名，加盖海关验讫章，作为出口收汇证明联签发给报关员。同时，通过海关电子通关系统向银行或国家外汇管理部门发送证明联电子数据。

(3) 出口退税证明。对需要在国家税务机构办理出口退税的出口货物，报关员应当向海关申请签发《出口货物报关单(出口退税证明联)》。海关经审核，对符合条件的，即在《出口货物报关单》上签名，加盖海关验讫章，作为出口退税证明联签发给报关员。同时，通过海关电子通关系统向国家税务机构发送证明联电子数据。

(4) 进口货物证明书。对进口汽车、摩托车等，报关员应当向海关申请签发《进口货物证明书》，进口货物收货人凭以向国家交通管理部门办理汽车、摩托车的牌照申领手续。海关放行汽车、摩托车后，向报关员签发《进口货物证明书》。同时，将《进口货物证明书》上的内容通过计算机发送给海关总署，再传输给国家交通管理部门。其他进口货物如需申领《进口货物证明书》，收货人或其代理人也可以向海关提出申请。

【任务完成】

第一步，进口申报。办理报关委托，并确定申报时需要向海关提供哪些材料，并进行网上申报和现场申报。

1) 办理报关委托

浙江洋洋进出口有限公司委托某物流公司代理报关的代理报关委托书和委托报关协议分别如下所示：

代理报关委托书

编号：×××××××××××××××

某物流公司：

我单位现 A （√A. 逐票、B. 长期)委托贵公司代理 A 等通关事宜。(A. 报关查验 B. 垫缴税款 C. 办理海关证明联 D. 审批手册 E. 核销手册 F. 申办减免税手续 G. 其他)详见《委托报关协议》。

我单位保证遵守《海关法》和国家有关法规，保证所提供的情况真实、完整、单货相符。否则，愿承担相关法律责任。

本委托书有效期自签字之日起至×年×月×日止。

委托方(盖章)：
浙江洋洋进出口有限公司

法定代表人或其授权签署《代理报关委托书》的人(签字)
2013 年×月 ×日

委托报关协议

为明确委托报关具体事项和各自责任，双方经平等协商签订协议如下：

委托方	浙江洋洋进出口有限公司
主要货物名称	盐水鲭鱼罐头
HS 编码	1604150000
进出口日期	×年×月×日
贸易方式	一般贸易
原产地/货源地	中国
传真电话	0574－3456××××
其他要求：	
背面所列通用条款是本协议不可分割的一部分，对本协议的签署构成了对背面通用条款的同意。	
委托方业务签章： 经办人签章： 联系电话： 2012 年×月×日	

被委托方	某物流公司	
* 报关单编码	No.	
收到单证日期	2012 年×月×日	
收到单证情况	合同□	发票☑
	加工贸易手册□	许可证件□
	其他：农药进出口登记管理放行通知单一份，中国一东盟自贸区原产地证书一份。	
报关收费	人民币：　　元	
承诺说明：		
背面所列通用条款是本协议不可分割的一部分，对本协议的签署构成了对背面通用条款的同意。		
被委托方业务签章： 经办报关员签章： 联系电话： 2012 年×月×日		

(白联：海关留存、黄联：被委托方留存、红联：委托方留存)　　中国报关协会监制

2）明确申报地点和申报期限

由于装载该商品的运输工具将于 2013 年 3 月 1 日(星期天)装船，宁波 SS 报关公司决定在装货前 24 小时内向宁波海关进行出口申报。

3）确定申报所需材料

由于出口商品是盐水鲭鱼罐头，该物流公司需要查询商品的监管条件，以确定该商品是否需要出口批件。

查询商品的监管条件有两个途径。一是纸质查询。通过查询《企业报关实用手册》或编码工具书。二是网上查询。通过登录相关的海关网站查询商品的监管条件，如可以登录中国海关网上服务大厅，先点击“网上查询”，然后选择点击“商品信息查询”，进入查询页面。

在输入编码“1604150000”和验证码以后，得到如图 3.6 所示的结果。

图 3.6　查询商品的监管条件

从网站提供的信息看，该物流公司最终确认“盐水鲭鱼罐头”的出口监管条件为“B”，这个监管条件代码的意思是要求申报时收发货人或其代理人需要提交《出境货物通关单》。因此，林雨与企业确认该企业在出入境检验检疫部门已办理出境货物通关单，接下来林雨着手办理出口申报手续。

4）填制报关单并进行电子数据申报

填写好的出口报关单内容如下所示：

中华人民共和国出口货物报关单

预录入编号：　　　　　　　　　　　　海关编号：

出口口岸 宁波海关(3101)		备案号	出口日期	申报日期
经营单位 浙江洋洋进出口有限公司 (×××××××××)		运输方式 水路运输	运输工具名称	提运单号 CNNGBM0544232
发货单位 浙江洋洋进出口有限公司 (×××××××××)		贸易方式 一般贸易	征免性质 一般征税	结汇方式 电汇
许可证号		运抵国(地区)	指运港	境内货源地
批准文号	成交方式 FOB	运费	保费	杂费
合同协议号	件数 5000	包装种类 纸箱	毛重(千克) 98000	净重(千克) 800000
集装箱号		随附单据 出境货物通关单		生产厂家
标记唛码及备注				

项号	商品编号	商品名称、规格型号	数量及单位	最终目的国(地区)	单价	总价	币制	征免
01	1604150000	盐水鲭鱼罐头条/段 蒸煮　马口铁罐装	800000 千克 8000 纸箱	智利	25.0000	200000.00	美元	(502)照章征税

税费征收情况		
录入员　　录入单位	兹声明以上申报无讹并承担法律责任 申报单位(签章)	海关审单批注及放行日期(签章) 审单　　　　审价
报关员： 单位地址：　　　电话： 邮编：	填制日期：	征税　　　　统计 查验　　　　放行

报关单的内容确定后，该物流公司将报关单电子数据、内容录入计算机，并将数据、内容传送到海关报关自动化系统，进行电子数据申报，并得到了海关计算机系统的接受。

5）提交纸质报关单及随附单证

在获知电子数据申报成功后，在规定的期限内，该物流公司携带以下海关要求的文件，进行了纸质数据申报。

文件 1　装货单

文件 2　商业发票

文件 3　装箱单

文件 4　出境货物通关单

文件 6　出口货物报关单

文件 7　报关委托书

第二步，如果有海关查验通知，配合海关查验。

在纸质申报后，浙江洋洋进出口有限公司收到宁波海关签发的《海关查验通知单》。在约好查验地点和时间后，公司派出一名报关员携带相关资料，到口岸海关办理了查验手续，并配合海关进行了查验，如实回答了海关查验关员的询问。查验结束后，报关员认真阅读了查验关员填写的《海关进出境货物查验记录单》，认为查验记录准确清楚，即进行了签名确认。

第三步，按规定办理缴纳税款的手续。

经查询得知盐水鲭鱼罐头不需要缴纳出口关税。

第四步，海关放行后，装货。

海关在报关单和装货单上盖章放行，并退还部分凭证。物流公司拿到这些凭证后，到货物进境地的港区安排装运货物，最终完成了该笔进口货物的报关手续。

操作二　保税货物通关

【任务描述】

报关员林雨日前接到台州星星户外用品有限公司与印尼某公司签订合同进口聚乙烯(拉丝级、颗粒状)100000 千克，这批进口聚乙烯(拉丝级、颗粒状)在国内加工生产成品塑料天蓬(聚乙烯占 98.5%，其他辅助料件占 1.5%)出口到意大利。

林雨所要面对的工作任务如下：

(1) 前期备案。

(2) 保税料件进口报关。

(3) 配合海关进行中期核查。

(4) 成品出口报关。

(5) 保税加工业务报销。

【知识复习】

一、什么是保税货物

1. 保税货物的概念

保税货物是经海关批准，未办理纳税手续进境，在境内储存、加工、装配后复运出境的货物。通常分为保税加工货物和保税物流货物两种类型。

保税加工货物是指经海关批准未办理纳税手续进境，在境内加工、装配后复运出境的货物。保税加工货物具有以下特征：

(1) 料件进口时暂缓缴纳进口关税及进口环节海关代征税，成品出口时除另有规定外无需缴纳关税。

(2) 料件进口时除国家另有规定外免予交验进口许可证件，成品出口时凡属许可证件管理的，必须交验出口许可证件。

(3) 进出境海关现场放行并未结关。

保税加工分为来料加工和进料加工两种形式。来料加工是指境外厂商提供原材料，委托境内工厂加工，产品由外方销售，我方收取工缴费；进料加工是指境内企业付汇从境外购买原材料，完成加工，成品销往境外。来料加工和进料加工的相同点是“两头在外”，即原料来自国外，成品又销往国外。二者的区别见表 3-5。

表 3-5 来料加工和进料加工的区别

加工形式	货物所有权	风险承担	收益方式
进料加工	我国厂商	我国厂商	利润
来料加工	外国厂商	外国厂商	工缴费

2. 海关对保税加工货物的监管

海关对保税加工货物的监管模式有两大类，一类是物理围网的监管模式，是指经国家批准，在关境内或关境线上划出一块地方，采用物理围网，让企业在围网内专门从事保税加工业务，由海关进行封闭的监管。该监管模式包括出口加工区和跨境工业区。另一类是非物理围网的监管模式，采用纸质手册管理或计算机联网监管。

纸质手册管理是一种传统的监管方式，主要是用加工贸易纸质登记手册进行加工贸易合同内容的备案，凭以进出口，并记录进口料件出口成品的实际情况，最终凭以办理核销结案手续。计算机联网监管是一种高科技的监管方式，主要是应用计算机手段实现海关对加工贸易企业的联网监管，建立电子账册或电子化手册，备案、进口、出口、核销全部通过计算机进行。这种监管方式又分为两种：一种是针对大型企业的，以建立电子账册为主要标志，以企业为单元进行管理；另一种是针对中小企业的，以建立电子化手册为主要标志，以合同为单元进行管理。

电子化手册管理是加工贸易联网监管的一个监管方式，目前已逐步取代纸质手册管理。电子化手册管理以企业的单个加工贸易合同为单元实施对保税加工货物的监管，但不再使用纸质手册，一个加工贸易合同建立一个电子化手册。电子化手册管理主要表现出以下特点：

（1）以合同(订单)为单元进行管理。商务主管部门审批每份加工贸易合同(订单)，海关根据合同(订单)建立电子底账，企业根据合同(订单)的数量建立多本电子化手册。

（2）企业通过计算机网络向商务主管部门和海关申请办理合同审批和合同备案、变更等手续。

（3）纳入加工贸易银行保证金台账制度管理。

（4）纳入电子化手册的加工贸易货物进口时全额保税。

（5）无需调度手册，凭身份认证卡实现全国口岸的报关。目前台州海关的保税加工业务备案已全面采用电子化手册或电子账册，已暂停纸质手册申领工作。

电子化手册管理下的保税加工货物报关程序包括合同备案、进出口报关、合同报核 3 个阶段。

3. 相关任务操作

报关员林雨如何办理电子化手册备案登记呢？该笔业务是否需要在银行设立保证金台账？什么又是银行保证金台账，该如何办理台账？

二、电子化手册下保税加工货物的前期备案要点

1. 合同录入与海关备案

先要向商务主管部门进行商务审批，才能进入海关备案程序。加工贸易合同备案前需要报商务主管部门审批合同，领取《加工贸易业务批准证》和《加工贸易企业经营状况和生产能力证明》；需要领取其他许可证件的还要向有关主管部门申领许可证件。然后进入海关合同备案的程序，其步骤包括合同内容录入、开立台账保证金专用账户、取得合同备案凭证，也可能涉及合同备案变更、单耗申报、外发加工申请、串料申请等事项，将合同相关内容预录入与主管海关联网的计算机后，向海关提交备案单证。

知识链接

相关备案单证

（1）商务主管部门按照权限签发的《加工贸易业务批准证》(表 3－6)和《加工贸易企业经营状况和生产能力证明》(表 3－7)。

（2）加工贸易合同或合同副本。

（3）《加工贸易合同备案申请表》(表 3－8)以及《加工贸易合同备案呈报表》(表 3－9)。

（4）属于加工贸易国家管制商品的需交验主管部门的许可证件或许可证件复印件(表 3－10、表 3－11)。

（5）确定单耗和损耗率所需的有关资料(表 3－12)。

（6）其他备案所需要的单证。

表 3-6 加工贸易业务批准证

批准证号：

1. 经营企业名称		3. 加工企业名称：	
2. 经营企业类型： 经营企业编码：		4. 加工企业类型： 加工企业编码：	
5. 加工贸易类型：		6. 出口制成品返销截止日期：	
进料加工	7. 进口合同号：	来料加工	10. 合作外商：
	8. 出口合同号：		11. 合同号：
	9. 客供辅料合同号：		12. 加工费(美元)：
13. 进口主要料件(详细目录见清单)：		16. 出口主要制成品(详细目录见清单)：	
14. 进口料件总值(美元)：		17. 出口制成品总值(美元)：	
15. 进口口岸		18. 出口口岸：	
19. 加工企业地址、联系人、电话：		20. 加工地主管海关：	
21. 加工企业生产能力审查单位：		22. 经营企业银行基本账户账号：	
23. 国产料件总值(美元)：		24. 深加工结转金额	转入(美元)
			转出(美元)
25. 备注： (1) 凭此证批准一个月内办理海关备案及有关事项； (2) 批准证内容变更，需在原审批单位办理批准手续； (3) 涂改无效。		26. 发证机关签章 同意申请 27. 发证日期	

表 3-7　加工贸易企业经营状况和生产能力证明

<table>
<tr><td colspan="6">企业名称：</td></tr>
<tr><td colspan="2">进出口企业代码：</td><td colspan="2">海关代码：</td><td colspan="2">法人代表：</td></tr>
<tr><td colspan="2">税务登记号：</td><td colspan="2">外汇登记号：</td><td colspan="2">注册时间：　　年　月　日</td></tr>
<tr><td colspan="3">基本账号及开户银行：</td><td colspan="3">联系电话/传真：</td></tr>
<tr><td colspan="6">通信地址及邮编：</td></tr>
<tr><td colspan="6">企业类型(选中打“√”)：□1. 国有企业　□2. 外商投资企业　□3. 民营、私营 □4. 其他企业</td></tr>
<tr><td colspan="6">海关分类评定级别(选中打“√”)：□A 类　□B 类　□C 类　□D 类　(以填表时为准)</td></tr>
<tr><td>(外商投资企业填写)</td><td>注册资本(万美元)：</td><td>累计实际投资总额(万美元)：</td><td>实际投资来源地：
1.
2.
3.
4.
5.</td><td colspan="2">外商本年度拟投资额(万美元)：
外商下年度拟投资额(万美元)：</td></tr>
<tr><td>(非外商投资企业填写)</td><td>注册资本：</td><td>资产总额：</td><td>净资产额：</td><td colspan="2">本年度拟投资额：
下年度拟投资额：</td></tr>
<tr><td colspan="3">研发机构数量：□改进型
自主型：□核心　□外围
研发机构投资总额：</td><td colspan="3">是□　否□　世界 500 强公司投资(选择“√”)
(根据美国《财富》杂志年评结果，主要考察投资主体)</td></tr>
<tr><td colspan="6">技术水平：A 世界先进水平　B 国内先进水平　C 行业先进水平</td></tr>
<tr><td colspan="6">累计获得专利情况：　1. 国外(　　个)　　2. 国内(　　个)</td></tr>
<tr><td colspan="2">员工总数：</td><td colspan="4">文化程度：1. 本科以上(　　)2. 高中、大专(　　)3. 初中及以下(　　)
(在括号内填入人数)</td></tr>
<tr><td colspan="6">经营范围：(按营业执照)</td></tr>
<tr><td rowspan="11">上年度</td><td colspan="2">营业额(万元)：</td><td colspan="3">利润总额(万元)：</td></tr>
<tr><td colspan="2">纳税总额(万元)：</td><td colspan="3">企业所得税(万元)：</td></tr>
<tr><td colspan="2">工资总额(万元)：</td><td colspan="3">个人所得税总计(万元)：</td></tr>
<tr><td colspan="2">加工贸易进出口额：</td><td colspan="2">出口额(万美元)：</td><td>进口额(万美元)：</td></tr>
<tr><td colspan="2">进料加工进出口额：</td><td colspan="2">出口额(万美元)：</td><td>进口额(万美元)：</td></tr>
<tr><td colspan="2">来料加工进出口额：</td><td colspan="2">出口额：</td><td>进口额：</td></tr>
<tr><td colspan="2">加工贸易合同份数：</td><td colspan="2">进料加工合同份数：</td><td>来料加工合同份数：</td></tr>
<tr><td colspan="2">进出口结售汇差额：</td><td colspan="2">出口结汇额(万美元)：</td><td>进口售汇额(万美元)：</td></tr>
<tr><td colspan="2">进料加工结售汇差额：</td><td colspan="2">进料加工结汇(万美元)：</td><td>进料加工售汇(万美元)：</td></tr>
<tr><td colspan="2">加工贸易转内销额(万美元)：</td><td colspan="2">内销补税额(万元)(含利息)：</td><td>来料加工(工缴费)：</td></tr>
</table>

续表

上年度	内销主要原因：1. 国外市场方面　2. 国外企业方面　3. 国外法规调整　4. 客户 （可多项选择）　5. 国内市场方面　6. 国内企业方面　7. 国内法规调整　8. 产品质量		
	深加工结转总额：	转出额(万美元)：	转进额(万美元)：
	本企业采购国产料件额(万元)(不含深加工结转料件和出口后复进口的国产料件)：		
	国内上游配套企业家数：	国内下游用户企业家数：	
	直接出口订单来源：A 跨国公司统一采购　B 进口料件供应商　C 自有客户　D 其他客户		
上年度加工贸易主要进口商品(按以下分类序号打“√”，每类可多项选择) 大类：□1. 初级产品 □2. 工业制成品 中类：□A 机电　□B 高新技术　□C 纺织品　□D 工业品　□E 农产品　□F 化工产品 小类：□a 电子信息 □b 机械设备　□c 纺织服装　□d 鞋类　□e 旅行品、箱包　□f 玩具 □g 家具　□h 塑料制品　□I 金属制品　□j 其他　□k 化工产品			
上年度加工贸易主要出口商品(按以下分类序号打“√”，每类可多项选择) 大类：□1. 初级产品 □2. 工业制成品 中类：□A 机电　□B 高新技术　□C 纺织品　□D 工业品　□E 农产品　□F 化工产品 小类：□a 电子信息 □b 机械设备　□c 纺织服装　□d 鞋类　□e 旅行品、箱包　□f 玩具 □g 家具　□h 塑料制品　□I 金属制品　□j 其他　□k 化工产品			
生产能力	厂房面积：(平方米)	仓库面积：(平方米)	生产性员工人数：
	生产加工范围：		
	生产规模：(主要产出成品数量及单位)		
	累计生产设备投资额(万美元)：(截至填表时)		
	上年度生产设备投资额(万美元)：		
	累计加工贸易进口不作价设备额(万美元)：(截至填表时)		
企业承诺：以上情况真实无讹并承担法律责任		法人代表签字：	企业盖章 年　月　日
外经贸审核部门意见：		审核人：	审核部门签章 年　月　日
备注：			

表 3-8　加工贸易合同备案申请表

备案申报编号：　　　　　　　　　　主管地海关：

1. 经营单位名称	2. 经营单位编码
3. 经营单位地址	
4. 联系人	5. 联系电话
6. 加工企业名称	7. 加工企业编码
8. 加工企业地址	
9. 联系人	10. 联系电话
11. 外商公司名称	12. 外商经理
13. 贸易方式	14. 征免性质
15. 贸易国(地区)	16. 加工种类
17. 内销比例 19. 协议号	18. 批准文号
20. 进口合同号 22. 币制	21. 进口总值
23. 出口合同号 25. 币制	24. 出口总值
26. 投资总额 28. 币制	27. 进口设备总额
29. 进口口岸 31. 出口期限	30. 进口期限
32. 申请人	33. 申请日期
34. 备注	
有关说明(不进电脑)	

表 3-9　加工贸易合同备案呈报表

经营单位		经营单位海关注册编码	
经营单位地址			
联系人		联系电话	
加工企业		加工企业海关注册编码	
加工企业地址			
联系人		联系电话	
企业内部编码		备案资料库编号	
外商公司		贸易方式	
征免性质		单耗申报环节	
加工种类		进口合同	

续表

进口金额(币值)		出口合同	
出口金额(币值)		批准文号	
审批机关		出口期限	
保证金台账开设银行		填报日期	

注：

(1)“企业内部编号”企业自行填写，同一编号不得重复使用，编号不能使用汉字及符号，控制在20字符以内。

(2)此表一式三份，填写后交预录入企业一份，一份交海关合同备案部门备查，一份企业留存。

表3-10 进口料件备案申请表

序号	商品编号	商品名称	规格型号	数量	单位	单价	总价	原产国

表3-11 加工出口成品备案申请表

序号	商品编号	商品名称	规格型号	数量	单位	单价	总价	消费国

表3-12 单耗备案申请表

产品序号	成品名称	对应料件序号	单耗量	损耗率	对应料件序号	单耗量	损耗率

2. 银行保证金台账

银行保证金台账制度是指经营加工贸易单位或企业凭海关核准的手续，按合同备案料件金额向指定银行申请设立加工贸易进口料件保证金台账，加工成品在规定期限内全部出口，经海关核销后，由银行核销保证金台账的制度。加工贸易项下的料件进境时未办理纳税手续，适用海关事务担保，具体担保手续按加工贸易银行保证金台账制度执行。

银行与海关目前采用台账电子化联网管理模式。企业在预录入端收到回执后，直接凭银行签发的电子《银行保证金台账登记通知单》向海关办理加工贸易备案手续，不需要再往返于海关与银行之间传递单证，有关单证的电子数据均实现网上传输。不需要开设台账的，则直接由海关建立电子化手册或核发其他备案凭证。加工贸易银行保证金台账分类管理见表 3－13。

表 3－13　加工贸易银行保证金台账分类管理

<table>
<tr><th rowspan="2">台账分类管理内容</th><th colspan="2">禁止类商品</th><th colspan="2">限制类商品</th><th colspan="2">允许类商品</th></tr>
<tr><th>东部</th><th>中西部</th><th>东部</th><th>中西部</th><th>东部</th><th>中西部</th></tr>
<tr><td>AA 类企业</td><td colspan="2" rowspan="4">不准开展加工贸易</td><td colspan="2" rowspan="2">空转</td><td colspan="2">不转</td></tr>
<tr><td>A 类企业</td><td colspan="2">空转</td></tr>
<tr><td>B 类企业</td><td>半实转</td><td colspan="3">空转</td></tr>
<tr><td>C 类企业</td><td colspan="4">实转</td></tr>
<tr><td>D 类企业</td><td colspan="6">不准开展加工贸易</td></tr>
<tr><td>特殊监管区域企业</td><td colspan="2">不准开展加工贸易</td><td colspan="4">不转</td></tr>
</table>

注：

(1) 表中“空转”指设台账不付保证金。“实转”指的是设台账付保证金、“半实转”指设台账交一半的保证金。“不转”指不设台账。

(2) 地区分为东部地区和中西部地区。东部地区包含辽宁省、北京市、天津市、河北省、山东省、江苏省、上海市、浙江省、福建省、广东省。中西部地区指东部地区以外的中国其他地区。

知识链接

商品分为禁止类、限制类、允许类 3 类。加工贸易禁止类和限制类商品目录由商务部、海关总署会同国家其他有关部门适时公布。合同备案时要注意的是：加工贸易禁止类商品不准备案；进出口消耗臭氧层物质、易制毒化学品、监控化学品，在备案时需要提供进出口许可证或两用物项进出口许可证复印件；进出口音像制品、印刷品、地图产品及附有地图的产品，进口工业再生废料等，在备案时需要提供有关主管部门签发的许可证件或批准文件。

1）保证金计算

（1）东部地区适用B类管理的企业从事限制类商品加工贸易，其台账保证金计算公式如下：

① 进口料件属限制类商品或进口料件、出口成品均属限制类商品。

台账保证金＝（进口限制类料件的关税＋进口限制类料件的增值税）×50％

② 出口成品属限制类商品。

台账保证金＝进口料件备案总值×（限制类成品备案总值÷全部出口成品备案总值）×22％×50％

（2）适用C类管理的企业从事限制类商品加工贸易，其台账保证金计算公式如下：

台账保证金＝（进口全部料件的进口关税＋进口全部料件的进口增值税）×100％

2）单耗

加工贸易单耗申报是指加工贸易企业进行备案时，在货物出口、深加工结转、内销及报核前填写《中华人民共和国海关加工贸易单耗申报单》（参见表3－12）向海关如实申报加工贸易单耗的行为。

单耗是指加工贸易企业在正常加工条件下加工单位成品所耗用的料件量，单耗包括净耗和工艺损耗。其中，净耗是指在加工后，料件通过物理变化或者化学反应存在或者转化到单位成品中的量。工艺损耗是指因加工工艺原因，料件在正常加工过程中除净耗外所必须耗用，但不能存在或者转化到成品中的量，包括有形损耗和无形损耗。工艺损耗占所耗用料件的百分比是工艺损耗率。上述耗用量之间的关系可以表示为

单耗＝净耗÷（1－工艺损耗率）

3）取得合同备案的凭证

海关受理并准予备案后，企业应当领取准予备案的凭证如下：

（1）电子化手册编号。按规定可以不设台账的合同，在海关准予备案后，由企业直接向受理合同备案的主管海关领取电子化手册编号。按规定在银行开设了台账的合同，由企业凭银行签发的《银行保证金台账登记通知单》，到合同备案主管海关领取电子化手册编号。

（2）其他准予备案的凭证。对为生产出口产品而进口，属于国家规定的78种列名服装辅料，且金额不超过5000美元的合同，除C类企业外，免予建立电子化手册，直接凭出口合同备案准予保税后，凭海关在备案出口合同上的签章和编号直接进入进出口报关阶段。

4）与备案相关的其他问题

（1）异地加工贸易合同备案。异地加工贸易是指一个直属海关的关区内加工贸易经营企业，将进口料件委托另一个直属海关关区内的加工生产企业加工，并组织出口的加工贸易。开展异地加工贸易应在加工企业所在地设立台账，由加工贸易经营企业向加工企业所在地主管海关办理合同备案手续。海关对开展异地加工贸易的经营企业和加工企业实行分类管理，如果两者的管理类别不相同，按其中较低类别管理。

（2）外发加工申请。外发加工是指经营企业因受自身生产特点和条件限制，经海关批准并办理有关手续，委托承揽企业对加工贸易货物进行加工，在规定期限内将加工后的产品运

回本企业并最终复出口的行为。外发加工的成品、剩余料件及生产过程中产生的边角料、残次品、副产品等加工贸易货物在经营企业所在地主管海关批准后，可以不运回本企业。

（3）串料申请。加工贸易货物应当专料专用。经营企业因加工出口产品急需，申请在本企业内部进行料件串换的，需提交书面申请并符合下列条件：

① 保税进口料件和保税进口料件之间及保税进口料件和征税进口料件之间的串换，必须符合同品种、同规格、同数量的条件。

② 保税进口料件和国产料件（不含深加工结转料件）之间的串换必须符合同品种、同规格、同数量、关税税率为零，且商品不涉及进出口许可证件管理的条件。

注意：来料加工保税进口料件不得串换。

3. 相关任务操作

在完成备案后，报关员林雨对进口料件进行进口申报。应如何申报？需要提交哪些材料？

三、进口料件报关和出口成品报关

1. 进出境货物报关

保税加工货物进出境由加工贸易经营单位或其代理人向海关申报。保税加工货物进出境申报必须凭电子化手册编号或持有其他准予合同备案的凭证。

保税加工货物进出境的报关程序与一般进出口货物一样，也有 4 个环节，其中申报、配合查验、提取货物或装运货物 3 个环节与一般进出口货物基本一致。保税加工货物进出境与一般进出口货物的报关程序的区别见表 3-14。

表 3-14　保税加工货物进出境与一般进出口货物的报关程序的区别

不同海关监管货物		缴税	外贸管制要求	监管要求
一般进口货物		按规定征收	按规定递交进口许可证	放行后结束监管
保税加工货物	进口料件	暂时免税	免交进口许可证	在时间和地点两方面都需要延伸。海关一直要监管到加工、装配后复运出境或者办结正式进口手续并核销结案为止
	出口成品	在产品实际出口并最终确定使用在出口成品上的料件数量后，海关再确定征免税的范围，即用于出口的部分免税，不用于出口的部分征税	按规定递交出口许可证	

加工贸易企业在主管海关备案的情况在计算机系统中已生成电子底账，有关电子数据通过网络传输到相应的口岸海关，因此企业在口岸海关报关时提供的有关单证内容必须与电子底账数据相一致。也就是说，报关数据必须与备案数据一致，一种商品报关的商品编码、品名、规格、计量单位、数量、币制等必须与备案数据无论在字面上还是计算机格式上都完全一致；若不一致，报关就不能通过。

【课堂思考】

某公司经营来料加工进口面料一批，《加工贸易手册》上备案的进口口岸为大连，实际进口口岸为天津新港。当出现备案内容与实际内容不一致的情况时，应该怎么办?

2. 深加工结转货物报关

加工贸易深加工结转是指加工贸易企业将保税进口料件加工的产品转至另一加工贸易企业进一步加工后复出口的经营活动。其程序分为计划备案、收发货登记、结转报关 3 个环节。

(1) 计划备案。加工贸易企业开展深加工结转，转入、转出企业应当向各自主管海关提交《加工贸易保税货物深加工结转申请表》(表 3－15)，申报结转计划。

表 3－15 加工贸易保税货物深加工结转申请表

申请表编号：

__________海关：

我__________公司(企业)需与__________公司(企业)结转保税货物，特向你关申请，并保证遵守海关法律和有关监管规定。

结转出口货物情况	项号	商品编号	品　名	规格型号	数量	单位	转出手册号
说明							
结转进口货物情况	项号	商品编号	品　名	规格型号	数量	单位	转入手册号

转出企业法定代表：　　电话： 报关员：　　电话： (企业盖章) 年　月　日	转入企业法定代表：　　电话： 报关员：　　电话： (企业盖章) 年　月　日
转出地海关： (海关盖章) 年　月　日	转入地海关： (海关盖章) 年　月　日
海关批注	

本表一式四联，第一、二联海关留存，第三、四联企业办理报关手续。

① 转出企业在申请表(一式四联)中填写本企业的转出计划并签章，凭申请表向转出地海关备案。

② 转出地海关备案后，留存申请表第一联，其余三联退转出企业交转入企业。

③ 转入企业自转出地海关备案之日起20日内，持申请表其余三联，填制本企业的相关内容后，向转入地海关办理报备手续并签章。转入企业在20日内未递交申请表，或者虽向海关递交但因申请表的内容不符合海关规定而未获准的，该份申请表作废。转出、转入企业应当重新填报和办理备案手续。

④ 转入地海关审核后，将申请表第二联留存，第三、第四联交转入、转出企业凭以办理结转收发货登记及报关手续。

(2) 收发货登记。转出、转入企业办理结转计划申报手续后，应当按照经双方海关核准后的申请表进行实际收发货。转出、转入企业的每批次收发货记录应当在《保税货物实际结转情况登记表》(表3-16)上进行如实登记，并加盖企业结转专用名章。结转货物退货的，转入、转出企业应当将实际退货情况在登记表中进行登记，同时注明“退货”字样，并各自加盖企业结转专用名章。

表3-16 保税货物实际结转情况登记表

(转入/出)企业名称：　　　　转出企业手册号：　　　　对应结转申请表编号：

日期	结转商品内容						转入企业手册号	(转入/出)企业签章
	序号	商品编号	品名	规格型号	数量	单位		

(3) 结转报关。转出、转入企业实际收发货后，应当按照以下规定办理结转报关手续。

① 转出、转入企业分别在转出地、转入地海关办理结转报关手续。转出、转入企业可以凭一份申请表分批或者集中办理报关手续。转出企业每批实际发货后在90日内办结该批货物的报关手续，转入企业每批实际收货后在90日内办结该批货物的报关手续。

② 转入企业凭申请表、登记表等单证向转入地海关办理结转进口报关手续，并在结转进口报关后的第二个工作日内将报关情况通知转出企业。

③ 转出企业自接到转入企业通知之日起10日内，凭申请表、登记表等单证向转出地海关办理结转出口报关手续。

④ 结转进口、出口报关的申报价格为结转货物的实际成交价格。

⑤ 一份结转进口货物报关单对应一份结转出口货物报关单，两份报关单之间对应的申报序号、商品编号、数量、价格和手册号应当一致。

⑥ 结转货物分批报关的，企业应当同时提供申请表和登记表的原件及复印件。

3. 其他保税加工货物的报关

其他保税加工货物是指履行加工贸易合同过程中产生的剩余料件、边角料、残次品、副产品和受灾保税货物。

(1) 剩余料件是指加工贸易企业在从事加工复出口业务过程中剩余的可以继续用于加工制成品的加工贸易进口料件。

(2) 边角料是指加工贸易企业从事加工复出口业务，在海关核定的单耗标准内、加工过程中产生的、无法再用于加工该合同项下出口制成品的数量合理的废、碎料及下脚料。

(3) 残次品是指加工贸易企业从事加工复出口业务，在生产过程中产生的有严重缺陷或者达不到出口合同标准，无法复出口的制成品(包括完成品和未完成品)。

(4) 副产品是指加工贸易企业从事加工复出口业务，在加工生产出口合同规定的制成品(主产品)过程中同时产生的，且出口合同未规定应当复出口的一个或一个以上的其他产品。

(5) 受灾保税货物是指在加工贸易企业从事加工出口业务中，因不可抗力原因或其他经海关审核认可的正当理由造成损毁、灭失、短少等导致无法复出口的保税进口料件和加工制成品。

对于履行加工贸易合同中产生的上述剩余料件、边角料、残次品、副产品、受灾保税货物，企业必须在手册有效期内处理完毕。处理的方式有内销、结转、退运、放弃、销毁等。除销毁处理外，其他处理方式都必须填制报关单报关。有关报关单是企业报核的必要单证。

1) 内销

保税加工货物转内销应经商务主管部门审批，加工贸易企业凭《加工贸易保税进口料件内销批准证》办理内销料件正式进口报关手续，缴纳进口税和缓税利息。

经批准允许转内销的保税加工货物属进口许可证件管理的，企业还应按规定向海关补交进口许可证件；申请内销的剩余料件，如果金额占该加工贸易合同项下实际进口料件总额3%及以下且总值在人民币1万元及以下的，免予审批，免予交验许可证件。

2) 结转

加工贸易企业可以向海关申请将剩余料件结转至另一个加工贸易合同项下生产出口，但应当在同一经营单位、同一加工厂、同样的进口料件和同一加工贸易方式的情况下结转。

海关将依法对企业结转申请予以审核，对不符合规定的会做出不予结转决定，并告知企业按照规定将不予结转的料件退出境外、征税内销、放弃或者销毁；对符合规定的会做出准予结转的决定，并向企业签发加工贸易剩余料件结转联系单，由企业在转出手册的主管海关办理出口报关手续，在转入手册的主管海关办理进口报关手续。特殊情况下，对准予结转企业将剩余料件结转到另一加工厂的，还将收取相当于拟结转料件应缴税款金额的保证金或银行保函(对海关收取担保后备案的手册或者已实行银行保证金台账实转的手册，担保金额或者台账实转金额不低于拟结转保税料件应缴税款金额的，可免予收取保证金或银行保函)。

加工贸易企业因合同变更、外商毁约等原因无法履行原出口合同，申请将尚未加工的剩余保税料件结转到另一个加工贸易合同项下加工复出口的，可以比照上述剩余料件结转的办法办理报关手续。

3）退运

加工贸易企业因故申请将剩余料件、边角料、残次品、副产品等保税加工货物退运出境的，应持手册等有关单证向口岸海关报关，办理出口手续，留存有关报关单证，以备报核。

4）放弃

企业放弃剩余料件、边角料、残次品、副产品等，交由海关处理，应当提交书面申请。对符合规定的，海关将做出准予放弃的决定，开具加工贸易企业放弃加工贸易货物交接单。企业凭以在规定的时间内将放弃的货物运至指定的仓库，并办理货物的报关手续，留存有关报关单证以备报核。

主管海关凭接受放弃货物的部门签章的加工贸易企业放弃加工贸易货物交接单及其他有关单证，核销企业的放弃货物。

5）销毁

被海关做出不予结转决定或不予放弃决定的加工贸易货物或涉及知识产权等原因企业要求销毁的加工贸易货物，企业可以向海关提出销毁申请，海关经核实同意销毁的，由企业按规定销毁，必要时海关可以派员监督销毁。货物销毁后，企业应当收取有关部门出具的销毁证明材料，以备报核。

6）受灾保税加工货物的处理

对于受灾保税加工货物，加工贸易企业须在灾后 7 日内向主管海关书面报告，并提供如下证明材料，海关可视情况派员核查取证。

因不可抗力造成的受灾保税加工货物灭失，或者已完全失去使用价值无法再利用的，可由海关审定，并予以免税。

因不可抗力造成的受灾保税货物需销毁处理的，同其他保税加工货物的销毁处理一样。

因不可抗力造成的受灾保税加工货物虽失去原使用价值但可再利用的，按海关审定的受灾保税货物价格，按对应的进口料件适用的税率，缴纳进口税和缓税利息。其对应进口料件属于实行关税配额管理的，按照关税配额税率计征税款。

对非不可抗力因素造成的受灾保税加工货物，海关按照原进口货物成交价格审定完税价格照章征税。属于实行关税配额管理，无关税配额证的，按关税配额外适用的税率计征税款。

因不可抗力造成的受灾保税货物对应的原进口料件内销征税时，如属进口许可证件管理的，免予交验许可证件；反之，不是因不可抗力造成的受灾保税货物对应的原进口料件内销征税时，如属进口许可证件管理的，应当交验进口许可证件。

4. 相关任务操作

报关员林雨接到企业通知，准备将成品出口，并就剩余料件作处理以及办结海关手续。该如何办理？

四、合同报核

1. 企业报核

加工贸易合同报核是指加工贸易企业在加工贸易合同履行完毕或终止合同并按规定对未出口的货物进行处理后，按照规定的期限和规定的程序，向加工贸易主管海关申请核销、结案的行为。

1）报核时间

经营企业应当在规定的期限内将进口料件加工复出口，并自加工贸易手册项下最后一批成品出口之日起或者加工贸易手册到期之日起 30 日内向海关报核。经营企业对外签订的合同因故提前终止的，应当自合同终止之日起 30 口内向海关报核。

2）报核所需单证

（1）企业合同核销申请表。

（2）进出口货物报关单。

（3）核销核算表。

（4）其他海关需要的资料。

3）报核的步骤

（1）合同履约后，及时收集、整理、核对手册和进出口货物报关单。

（2）根据有关账册记录、仓库记录、生产工艺资料等查清此合同加工生产的实际单耗，并据以填写核销核算表(产品的实际单耗如与合同备案单耗不一致，应在最后一批成品出口前进行单耗的变更)。

（3）填写核销预录入申请单，办理报核预录入手续。

（4）携带有关报核需要的单证，到主管海关报核，并填写报核签收回联单。

知识链接

特殊情况的报核

1. 遗失进出口货物报关单的合同报核

按规定企业应当用报关单留存联报核，在遗失报关单的情况下，可以凭报关单复印件向原报关地海关申请加盖海关印章后报核。

2. 无需建立手册的5000美元及以下的78种列名服装辅料的合同报核

企业直接持进出口货物报关单、合同、核销核算表报核。报核的出口货物报关单应当是注明备案编号的一般贸易出口货物报关单。

3. 撤销合同报核

加工贸易合同备案后因故提前终止执行，未发生进出口而申请撤销的，应报商务主管部门审批，企业凭审批件和手册报核。

4. 有走私违规行为的加工贸易合同报核

加工贸易企业因走私行为被海关缉私部门或者法院没收保税加工货物的，凭相关证明材料，如行政处罚决定书、行政复议决定书、判决书、裁决书等向海关报核。

加工贸易企业因违规等行为被海关缉私部门或法院处以警告、罚款等处罚但不没收保税加工货物的，不予免除加工贸易企业办理相关海关手续的义务。

2. 海关核销

加工贸易合同核销是指加工贸易经营企业加工复出口并对未出口的货物办妥有关海关手续后，凭规定单证向海关申请解除监管，海关经审查、核查属实且符合有关法律、行政法规的规定，予以办理解除监管手续的海关行政许可事项。

海关对企业的报核依法进行审核，对不符合规定的，书面告知企业不予受理的理由，并要求企业重新报核；符合规定的，予以受理。

海关自受理企业报核之日起20个工作日内核销完毕，特殊情况下，可以由直属海关的关长批准或者由直属海关关长授权的隶属海关关长批准，延长10个工作日。

对未开设台账的电子化手册，经核销准予结案的，海关向经营单位签发《核销结案通知书》；经核销情况正常且开设台账的，签发《银行保证金台账核销联系单》，企业凭以到银行销台账，其中“实转”的台账，企业在银行领回保证金和应得的利息或者撤销保函，并领取《银行保证金台账核销通知单》，凭以向海关领取核销结案通知书。

五、电子账册管理下的保税加工货物报关程序

1. 电子账册管理

电子账册管理是加工贸易联网监管中海关以加工贸易企业的整体加工贸易业务为单元对保税加工货物实施监管的另一种模式。海关为联网企业建立电子底账，联网企业只设立一个电子账册。根据联网企业的生产情况和海关的监管需要确定核销周期，并按照该核销周期对实行电子账册管理的联网企业进行核销。电子账册模式的适用对象是加工贸易进出口较为频繁、规模较大、原料和产品较为复杂、管理信息化程度较高较完善的大型加工贸易企业。

电子账册模式联网监管的基本管理原则是“一次审批、分段备案、滚动核销、控制周转、联网核查”，具有以下特点：

(1) 对企业经营资格、经营范围(商品编码前 4 位数)和加工生产能力一次性审批，不再对加工贸易合同进行逐票审批。

(2) 采取分段备案，先备案进口料件，在生产成品出口前(包括深加工结转)再备案成品及申报准确、实际的单损耗情况，取消纸质手册实行的进口料件、出口成品及单损耗关系同时一次备案的规程。

(3) 建立以企业为单元的电子账册，实行与企业物流、生产实际接轨的滚动核销制度，取代以合同为单元的纸质手册。

(4) 对进出口保税货物的总价值(或数量)按照企业生产能力进行周转量控制，取消对进出口保税货物备案数量的控制，满足企业在国际化大生产条件下的零库存生产需要，提高通关速度。

(5) 企业通过计算机网络向商务主管部门和海关申请办理审批、备案及变更等手续，大大简化纸质手册模式下审批、备案及变更等各种复杂手续，满足现代企业快速生产和进出口的需求。

(6) 实施电子账册模式联网监管企业同样实行银行保证金台账制度。

(7) 纳入电子账册的加工贸易货物全额保税。

(8) 凭电子身份认证卡实现在全国口岸的通关。

2. 报关程序

电子账册管理下的保税加工货物报关程序也包括合同备案、进出口报关、合同报核 3 个阶段，如图 3.7 所示。

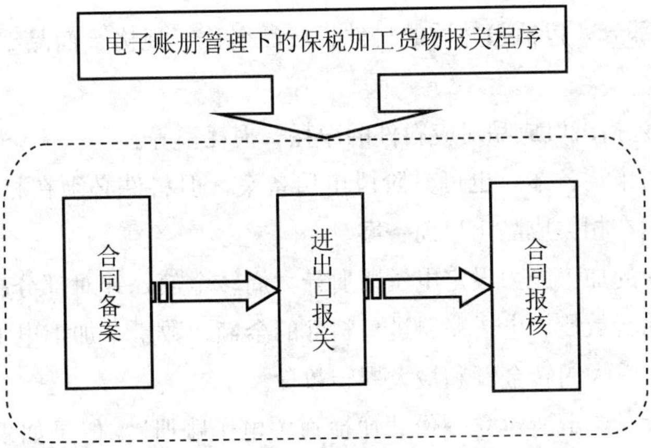

图 3.7 电子账管理下的保税加工货物报关程序

1) 合同备案

电子账管理下的保税加工货物备案工作包括“经营范围电子账册”备案、“便捷通关电子账册”备案、合同备案变更等，如图 3.8 所示。

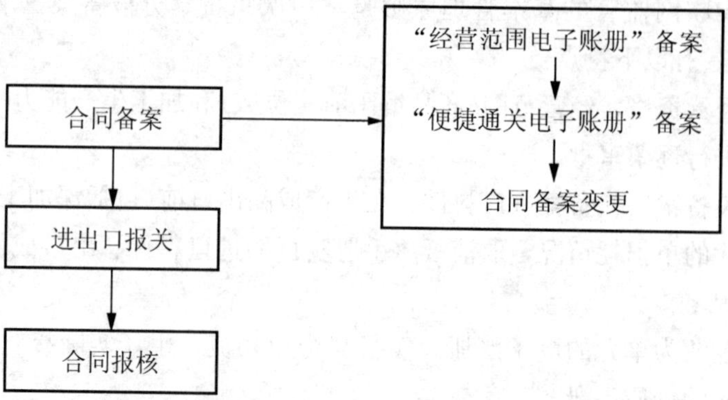

图 3.8　电子账管理下的合同备案阶段工作流程

(1)“经营范围电子账册”备案。企业凭商务主管部门的批准证通过网络向海关办理“经营范围电子账册”备案手续，备案内容如下：

① 经营单位名称及代码。

② 加工单位名称及代码。

③ 批准证件编号。

④ 加工生产能力。

⑤ 加工贸易进口料件和成品范围(商品编码前 4 位)。

企业在收到海关的备案信息后，应将商务主管部门的纸质批准证交海关存档。

(2)“便捷通关电子账册”备案。企业可通过网络向海关办理“便捷通关电子账册”备案手续，备案内容如下：

① 企业基本情况表，包括经营单位及代码、加工企业及代码、批准证编号、经营范围账册号、加工生产能力等。

② 料件、成品部分，包括归并后的料件、成品名称、规格、商品编码、备案计量单位、币制、征免方式等。

③ 单耗关系，包括出口成品对应料件的净耗、损耗率等。

其他部分可同时申请备案，也可分阶段申请备案，但料件必须在相关料件进口前备案，成品和单耗关系最迟在相关成品出口前备案。

海关将根据企业的加工能力设定电子账册最大周转金额，并对部分高风险或需要重点监管的料件设定最大周转数量。电子账册进口料件的金额、数量，加上电子账册剩余料件的金额、数量，不得超过最大周转金额和最大周转数量。

每一个企业一般只能申请建立一份“便捷通关电子账册”，但是如果企业设有无法人资格独立核算的分厂，料件、成品单独管理的，经海关批准，可另建立电子账册。

企业需在异地口岸办理进出口报关或异地深加工结转报关手续的，可以向海关申请办理“便捷通关电子账册”异地报关备案。

2) 进出口报关

电子账册模式下联网监管企业的保税加工货物报关与电子化手册模式一样，适用进出口报关阶段程序的，也有进出境货物报关、深加工结转货物报关和其他保税加工货物报关 3 种情形，如图 3.9 所示。

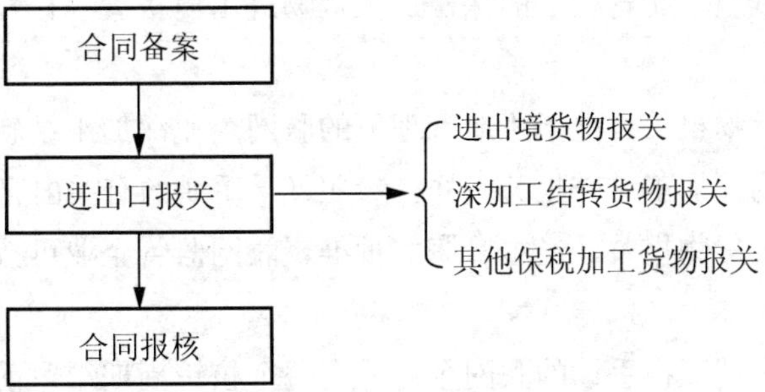

图 3.9　电子账管理下的进出口报关阶段工作内容

(1) 进出境货物报关。

① 报关清单的生成。使用“便捷通关电子账册”办理报关手续时，企业应先根据实际进出口情况，从企业系统导出“料号级”数据生成归并前的报关清单，通过网络发送到电子口岸。报关清单应按照加工贸易合同填报监管方式，进口报关清单填制的总金额不得超过电子账册最大周转金额的剩余值，其余项目的填制参照报关单的填制规范。

② 报关单的生成。联网企业进出口保税加工货物，应使用企业内部的计算机，采用计算机原始数据形成报关清单，报送中国电子口岸。电子口岸将企业报送的报关清单根据归并原则进行归并，并分拆成报关单后发送回企业，由企业填报完整的报关单内容后，通过网络向海关正式申报。

③ 报关单的修改、撤销。不涉及报关清单的报关单内容可直接进行修改，涉及报关清单的报关单内容修改必须先修改报关清单，再重新进行归并。

报关单经海关审核通过后，一律不得修改，必须进行撤销重报。带报关清单的报关单撤销后，报关清单一并撤销，不得重复使用。

报关单放行前修改，内容不涉及报关单表体内容的，企业经海关同意可直接修改报关单。涉及报关单表体内容的，企业必须撤销报关单重新申报。

④ 填制报关单要求。联网企业备案的进口料件和出口成品等内容是货物进出口时与企业实际申报货物进行核对的电子底账，因此申报数据与备案数据应当一致。

企业按实际进出口的“货号”(料件号和成品号)填报报关单，并按照加工贸易货物的实际性质填报监管方式。

海关按照规定审核申报数据，进口货物报关单的总金额不得超过电子账册最大周转金额的剩余值，如果电子账册对某项下料件的数量进行限制，那么报关单上该项商品的申报数量不得超过其最大周转量的剩余值。

⑤ 申报方式选择。联网企业可根据需要和海关规定分别选择有纸报关或无纸报关方式申报。

联网企业进行无纸报关的，海关凭同时盖有申报单位和其代理企业的提货专用章的放行通知书办理“实货放行”手续；报关单位凭同时盖有经营单位、报关单位及报关员印章的纸质单证办理“事后交单”事宜。

联网企业进行有纸报关的，应由本企业的报关员办理现场申报手续。有关许可证件管理和税收征管的规定与纸质手册管理下的保税加工货物进出境报关一样，参照纸质手册的有关内容。

（2）深加工结转货物报关。电子账册管理下的联网企业深加工结转货物报关与纸质手册管理下的保税加工货物深加工结转报关一样，参照纸质手册的有关内容。

（3）其他保税加工货物报关。经主管海关批准，联网监管企业可按月度集中办理内销征税手续。

按月度集中办理内销征税手续的联网企业，在每个核销周期结束前，必须办结本期所有的内销征税手续。

联网企业以内销、结转、退运、放弃、销毁等方式处理保税进口料件、成品、副产品、残次品、边角料和受灾货物的报关手续，参照纸质手册管理。后续缴纳税款时，缓税利息计息日为电子账册上期核销之日(未核销过的为“便捷通关电子账册”记录首次进口料件之日)的次日至海关开具税款缴纳证之日。

3）合同报核

电子账册采用的是以企业为单元的管理方式，一个企业只有一个电子账册，因此，对电子账册模式的核销实行滚动核销的形式，即对电子账册按照时间段进行核销，将某个确定的时间段内企业的加工贸易进出口情况进行平衡核算。

海关对采用电子账册管理模式的联网企业报核期限，一般规定 180 天为一个报核周期。首次报核期限为从电子账册建立之日起 180 天后的 30 天内；以后报核期限为从上次报核之日起 180 天后的 30 天内。

企业必须在规定的期限内完成报核手续，确有正当理由不能按期报核的，经主管海关批准可以延期，但延长期限不得超过 60 天。

企业报核和海关核销程序如图 3.10 所示。

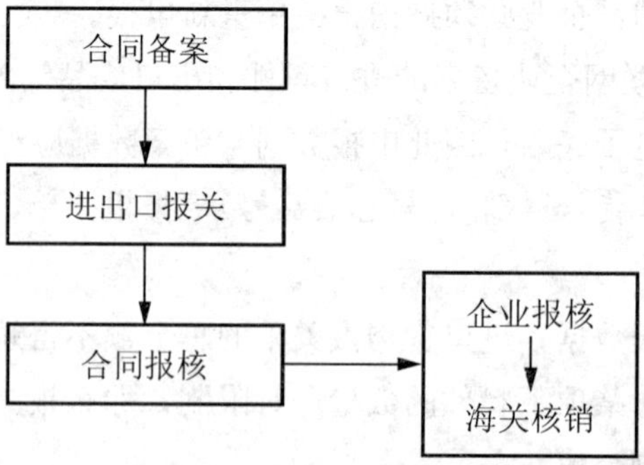

图 3.10 电子账管理下的合同报核阶段工作流程

（1）企业报核。

① 预报核。预报核是加工贸易联网企业报核的组成部分。企业在向海关正式申请核销前，在电子账册本次核销周期到期之日起 30 天内，将本核销期内申报的所有的电子账册进

出口报关数据按海关要求的内容，包括报关单号、进出口岸、扣减方式、进出标志等以电子报文形式向海关申请报核。

② 正式报核。正式报核是指企业预报核通过海关审核后，以预报核海关核准的报关数据为基础，准确、详细地填报本期保税进口料件的应当留存数量、实际留存数量等内容，以电子数据向海关正式申请报核。

海关认为必要时可以要求企业进一步报送料件的实际进口数量、耗用数量、内销数量、结转数量、边角料数量、放弃数量、实际损耗率等内容，对比对不相符且属于企业填报有误的可以退单，企业必须重新申报。

经海关认定企业实际库存多于应存数，有合理正当理由的，可以计入电子账册下期核销，对其他原因造成的，依法处理。

联网企业不再使用电子账册的，应当向海关申请核销。电子账册核销完毕，海关予以注销。

（2）海关核销。

海关核销的基本目的是掌握企业在某个时段所进口的各项保税加工料件的使用、流转、损耗的情况，确认是否符合以下的平衡关系：

进口保税料件（含深加工结转进口）＝出口成品折料（含深加工结转出口）＋内销料件＋内销成品折料＋剩余料件＋损耗－退运成品折料

海关核销除了对书面数据进行必要的核算外，还会根据实际情况采取盘库的方式。经核对，企业报核数据与海关底账数据及盘点数据相符的，海关通过正式报核审核，打印核算结果，系统自动将本期结余数转为下期期初数。企业实际库存量多于电子底账核算结果的，海关会按照实际库存量调整电子底账的当期结余数量；企业实际库存量少于电子底账核算结果且可以提供正当理由的，对短缺部分，联网企业按照内销处理；企业实际库存量少于电子底账核算结果且联网企业不能提供正当理由的，对短缺部分，海关将移交缉私部门处理。

六、什么是保税物流货物

1. 保税物流货物的概念

保税物流货物是指经海关批准未办理纳税手续进境，在境内储存后复运出境的货物，也称作保税仓储货物。已办结海关出口手续尚未离境，经海关批准存放在海关专用监管场所或特殊监管区域的货物，带有保税物流货物的性质。

保税物流货物具有以下特征：

（1）进境时暂缓纳税，复运出境免税，内销应该缴纳进口关税和环节税，不征收缓税利息。

（2）进出境时一般免予交验进出口许可证。

（3）进境放行未结关。

【课堂思考】

以下货物属于保税物流货物的有(　　)。

A. 经批准进境存入海关保税监管场所，存储后转口境外的货物。

B. 已办理海关出口手续尚未离境，海关批准存放在海关保税监管场所或特殊监管区域的货物。

C. 海关批准存放在海关保税监管场所或特殊监管区域的加工贸易货物、供应国际航行船舶和航空器的油料、物料和维修用零部件；供应外国产品所进口寄售的零配件，外商进境暂存货物。

D. 海关批准存放在海关保税监管场所或特殊监管区域的其他未办结海关手续的进境货物。

2. 保税物流货物监管

1）保税物流货物的管理

对各种监管模式下的保税物流货物的管理可以归纳为以下5点内容：

(1) 设立审批。保税物流货物必须存放在经法定程序审批设立的保税监管场所或者特殊监管区域。

(2) 准入保税。保税物流货物以准予进入保税监管场所或者特殊监管区域的形式来实现保税，不符合规定存放范围的货物不准进入。

(3) 纳税暂缓。凡是进入保税监管场所或者特殊监管区域的货物在进境时都可以暂不办理进口纳税手续，等到货物运离保税监管场所或者特殊监管区域再办理纳税手续，视情况决定是否需要纳税。与保税加工货物不同的是，保税物流货物在需要征税时，不征收缓税利息。

(4) 监管延伸。海关对保税物流货物的监管，在时间和地点两方面都需要延伸。地点方面，进境货物从进境地海关监管场所、已办结海关出口手续尚未离境的货物从出口申报地海关现场，分别延伸到保税监管场所或者特殊监管区域。

(5) 运离结关。除暂准运离(维修、测试、展览等)需要继续监管以外，每一批保税物流货物运离保税监管场所或者特殊监管区域时，都必须根据货物的实际流向办结海关手续。

2）保税物流货物的监管模式

海关对保税物流货物的监管模式有两大类：一类是非物理围网的监管模式，包括保税仓库、出口监管仓库；另一类是物理围网的监管模式，包括保税物流中心、保税物流园区、保税区、保税港区、综合保税区。保税货物的分类及监管模式见表3-17。

(1) 保税仓库。保税仓库是指经海关批准设立的专门存放保税货物及其他未办结海关手续货物的仓库。保税仓库根据使用对象分为公用型保税仓库、自用型保税仓库和专用型保税仓库。

表 3-17 保税货物的分类及监管模式

<table>
<tr><td></td><td>分类</td><td colspan="4">监管特点</td></tr>
<tr><td rowspan="5">保税货物</td><td rowspan="3">保税加工货物</td><td rowspan="2">非物理围网，须设台账</td><td rowspan="2">加工贸易</td><td>以合同为单元进行监管</td><td>纸质手册、电子化手册</td></tr>
<tr><td>以企业为单元进行监管</td><td>电子账册</td></tr>
<tr><td>围网监管，不设台账</td><td colspan="2">出口加工区、珠海园区</td><td>电子账册</td></tr>
<tr><td rowspan="2">保税物流货物</td><td>非围网监管</td><td colspan="3">保税仓库、出口监管仓库</td></tr>
<tr><td>围网监管</td><td colspan="3">保税区、保税物流中心、保税物流园区、保税港区、综合保税区</td></tr>
</table>

知识链接

经海关批准可以存入保税仓库的进境货物有下列几种：

(1) 加工贸易进口货物。

(2) 转口货物。

(3) 供应国际航行船舶和航空器的油料、物料和维修用零部件。

(4) 供维修外国产品所进口寄售的零配件。

(5) 外商进境暂存货物。

(6) 未办结海关手续的一般贸易进口货物。

(7) 经海关批准的其他未办结海关手续的进境货物。

(2) 出口监管仓库。出口监管仓库是经海关批准设立，对已办结海关出口手续的货物进行储存、保税货物配送、提供流通性增值服务的海关专用监管仓库。

出口监管仓库分为出口配送型仓库和国内结转型仓库。出口配送型仓库是指储存以实际离境为目的的出口货物的仓库；国内结转型仓库是指储存用于结转的出口货物的仓库。

出口监管仓库只有仓储功能，主要用于存放出口货物。

(3) 保税物流中心。保税物流中心分 A 型、B 型两种。

① 保税物流中心 A 型是指经过海关批准，由中国境内企业法人经营、专门从事保税仓储物流业务的海关监管场所，一般设在国际物流需求量较大，交通便利且便于海关监管的地方。保税物流中心 A 型可以分为公用型和自用型两类。公用型物流中心是指专门从事仓储物流业务的中国境内企业法人经营的，向社会提供保税仓储物流综合服务的海关监管场所；自用型物流中心是指经中国境内企业法人经营的，仅向本企业或本企业集团内部成员提供保税仓储物流服务的海关监管场所。

② 保税物流中心 B 型是指经海关批准，由中国境内议价企业法人经营，多家企业进入并从事保税仓储物流业务的海关集中监管场所，设在靠近海港、空港、陆路枢纽及内陆国际物流需求量大、交通便利、设有海关机构且便于海关集中监管的地方。

知识链接

可以存入保税物流中心的货物有以下几种：

(1) 国内出口货物。

(2) 转口货物和国际中转货物。

(3) 外商暂存货物。

(4) 加工贸易进出口货物。

(5) 供应国际航行传播和航空器的物料、维修用零部件。

(6) 供维修外国产品所进口寄售的零部件。

(7) 未办结海关手续的一般贸易进口货物。

(8) 经海关批准的其他未办结海关手续的货物。

(4) 保税物流园区。保税物流园区是经国务院批准，在保税区规划面积或者毗邻保税区的特定港区内设立的，专门发展现代国际物流的海关特殊监管区域。保税物流园区的功能是保税物流。

(5) 保税区。保税区经国务院批准在中华人民共和国境内设立的，具有保税加工、转口贸易、仓储和展示功能的海关监管的特定区域。

(6) 保税港区。保税港区经国务院批准，设立在国家对外开放的口岸港区和与之相连的特定区域内，具有口岸、物流和加工功能的海关特殊监管区域。

保税港区具备目前中国海关所有特殊监管区域具备的全部功能。保税区、保税物流园区、保税港区的三者比较见表3-18。

表3-18 保税区、保税物流园区、保税港区的比较

比较项目	保税区	保税物流园区	保税港区
性质	国务院批准设立的由海关监管的特定区域	国务院批准在保税区规划面积内或毗邻保税区的特定港区内设立的专业发展现代国际物流的海关特殊监管区域	国务院批准设立在开放口岸港区和与之相连的特定区域内，具有口岸、物流、加工等功能的海关特殊监管区域
功能	出口加工、转口贸易、仓储运输、商品展示	保税存储进出口货物，流通性简单加工，进出口贸易，转口贸易，国际采购，分配和配送，国际中转，商品展示	具备目前中国海关所有特殊监管区域具备的全部功能
监管	电子计算机联网，进行电子数据交换	电子账册监管制度和计算机联网监管制度	加工贸易部实行台账和合同核销制度，不实行单耗标准管理

续表

比较项目	保税区	保税物流园区	保税港区
管理	进出境采用报关制与备案制相结合，属于自用的，采取报关制；属于非自用的，包括加工出口、保税仓储、转口贸易、展示，采用备案制	适用进出境备案清单(自用免税进口货物、国际中转的除外)	与境外之间的进出货物实行备案制管理
进出境	从境外进区的货物保税；从境外进区的管理机构、企业自用的免税(交通车辆、生活用品除外)，按特定减免税监管		
进出区	进区、报出口，要有加工贸易手册，照章纳税，提供许可证件，不签发出口退税证明	进区视同进口，照章纳税，提供许可证件，签发出口退税证明(基建物资、生活用品、交通运输工具除外)	按物资出口办理缴税手续，签发出口退税证明联(基建物资除外)
外发加工	进区外发加工的，在区内海关备案，加工出区后核销，不填报关单，不纳税费出区外发加工的，区外企业在所在地海关备案，领册或建册，设台账，按加工货物出区报关(加工期限6个月)	不准进行加工贸易	进区外发加工，按货物出口报关，出区外发加工，区内企业在区内海关备案，运回后核销(加工期限6个月)
其他	设备(施工或投资)进出区需向区内海关备案，免填报关单，免税；退出区外要销案	设备从境内区外进区，按一般出口货物办理报关手续。	

3）保税物流货物报关

表3-19以保税仓库货物报关为例对其监管要求进行介绍。

表3-19　保税仓库货物报关的监管要求

进仓报关	进口报关	在保税仓库所在地入境	办理进口报关手续，除国家另有规定的外，免领进口许可证件
		在保税仓库所在地之外口岸入境	按照进口货物转关运输办理异地传输报关手续
			在口岸海关办理异地传输报关手续

续表

出仓报关	进口报关（进入国内市场）	出库用于加工贸易	按加工贸易货物报关程序办理手续
		出库用于特定减免税用途	按特定减免税货物报关程序办理手续
		出库用于国内市场或者其他方面	按一般进口货物报关程序办理手续
	出口报关（复运出口）	转口	按一般出口货物报关程序办理手续，可免缴纳出口关税，免交验出口许可证件
		退运	
	集中报关	保税货物出库批量少、批次频繁的，经海关批准可以办理定期集中报关手续	
流转报关	（1）保税仓库与海关特殊监管区域或其他海关保税监管场所往来流转的货物，按转关运输的有关规定办理相关手续 （2）保税仓库和特殊监管区域或其他海关保税监管场所在同一直属关去内的，经直属海关批准，可不按转关运输方式办理 （3）保税仓库货物转往其他保税仓库的，应当各自的仓库主管海关报关，报关时应先办理进口报关，再办理出口报关		

【课堂阅读】

珠海园区进出货物报关程序

珠澳跨境工业区是经国务院批准设立，在我国珠海经济特区和澳门特别行政区之间跨越珠海和澳门关境线，由中国海关和澳门海关共同监管的海关特殊监管区域。珠澳跨境工业区由珠海园区和澳门园区两部分组成。珠海园区是指经国务院批准设立的珠澳跨境工业区由中国海关按照《海关法》和其他有关法律、行政法规进行监管的珠海经济特区部分的园区。澳门园区，是指经国务院批准设立的珠澳跨境工业区由澳门海关按照澳门特别行政区的有关规定进行监管的澳门特别行政区部分的园区。

1. 与境外之间进出的货物

海关对珠海园区与境外之间进出的货物，实行备案制管理，由货物的收发货人或其代理人填写进出境货物备案清单，向海关备案。对于珠海园区与境外之间进出的货物，可以办理集中申报手续。珠海园区与境外之间进出的货物应当向珠海园区主管海关申报。珠海园区与境外之间进出货物的进出境口岸不在园区主管海关管辖区域的，区内企业应当按照转关运输或者异地报关等方式办理有关手续。珠海园区与境外之间进出的货物，不实行进出口配额、许可证件管理。

2. 与境内区外其他地区之间进出的货物

海关对珠海园区与境内区外之间进出货物的监管分出区和进区两种情况。

（1）出区：珠海园区内货物运往区外视同进口。珠海园区内货物运往区外时，由区内企业填制出境货物备案清单向珠海园区主管海关办理申报手续，区外收货人或其代理人填制进口货物报关单向珠海园区主管海关办理申报手续。区内企业跨关区配送货物或者异地企业跨关区到珠海园区提取货物，可以在珠海园区主管海关办理申报手续，也可以按照规定在异地企业所在地海关办理申报手续。海关按照货物进口的有关规定办理手续。需要征税的，按照货物出区时的实际状态征税；属于许可证件管理商品的，区内企业或者区外收货人还应当向海关出具进口许可证件。

(2) 进区：货物从境内区外进入珠海园区视同出口。

① 一般贸易和加工贸易货物进区。海关按照货物出口的有关规定办理手续。属于出口应税商品的，按照有关规定进行征税；属于许可证件管理商品的，区内企业或者区外发货人还应当向海关出具出口许可证件。从区外进入珠海园区供区内企业使用的国产机器、设备、原材料、零部件、元器件、包装物料及建造基础设施，企业和行政管理部门生产、办公用房所需合理数量的国产基建物资等，除属于取消出口退税的基建物资外，海关按照出口货物的有关规定办理手续，签发出口货物报关单退税证明联。从区外进入珠海园区供区内企业和行政管理机构使用的生活消费用品、交通运输工具等，海关不予签发出口货物报关单退税证明联。

② 原进口货物进区。从区外进入珠海园区的进口机器、设备、原材料、零部件、元器件、包装物料、基建物资等，有关企业应当向海关提供上述货物或者物品的清单，并且办理出口报关手续；上述货物或者物品已经缴纳的进口环节税，不予退还。

③ 出区外发加工运回。区内企业运往境内区外进行外发加工的货物，加工生产过程中使用国内料件并且属于出口应税商品的，加工产品运回区内时，所使用的国内料件应当按规定缴纳出口关税。

④ 进区商品展示。经珠海园区主管海关批准，区内企业可以承接区外商品的展示，并且比照海关对暂准出境货物的有关规定办理进出区手续。

【任务完成】

第一步，前期备案。

(1) 备案前商务审批。

由台州星星户外用品有限公司到台州外经贸局办理加工贸易合同审批事项。审批所需材料有《加工贸易合同》(表 3－20)、《进口料件备案清单》(表 3－21)、《出口成品备案清单》(表 3－22)、《单耗申报单》(表 3－23)等材料。获得审批后，企业领取《加工贸易业务批准证》(表 3－24)和《加工贸易企业经营状况和生产能力证明》(参见表 3－7)。

(2) 合同备案。

在完成合同审批之后，台州星星户外用品有限公司相关人员要办理电子化手册备案工作，主要完成电子申请和现场审核两部分。

① 合同录入。首先登陆电子口岸系统，填写表头、料件表、成品表和单损耗表等进行电子化手册备案申请，接着提交纸质材料，包括加工贸易合同、加工贸易业务批准证、加工贸易企业经营状况和生产能力证明、加工贸易备案申请表、授权委托书等。海关主要审核企业的备案申请内容与商务主管部门出具的《加工贸易业务批准证》是否相符，备案申请数量是否超过了商务主管部门确定的加工生产能力，企业的相关申请表是否符合法律、行政法规的规定。

② 开立台账保证金专用账户。根据对台州星星户外用品有限公司的管理类别(B 类)及商品管理类别(限制类商品)，海关对本笔业务实施银行保证金台账，具体是设立台账、半实转。台州星星户外用品有限公司根据海关出具的《银行保证金台账开设联系单》(表 3－25)到中国银行办理手续，并将已完结的凭证交到海关。

表 3-20　加工贸易合同

HONG KONG POLYMERS CO.，LTD.

TEL：86-576-××××××××　　FAX：86-576-××××××××

SALES CONFIRMATION

Taizhou Xingxing Outdoor Appliances Co.，Ltd.
Jiefang Road. Luqiao. Taizhou City，
Zhejiang Province. China
Tel：0576-8822××××
Fax：0576-8241××××

Date/日期：19-Mar-10
Contract No./合同号：wktz08245A

Name of Commodity & Specifications	Quantity	Unit Price	Amount
Specifications			
HDPE TITANVENE HD5609AA	100MTS	EXW SHANCHAI BONDED WAREHOUSE（包含报关费商检费）	USD××××
	100MTS	USD××××	USD××××

VALIDITY：L/C ISSUING DATE NOT LATER THAN MAR 30TH，2010
ORIGIN INDONESIA
PACKING：25KGS MANUFACTURER'S STANDARD EXPORT PACKING
FROM：SHANGHAI BONDED WAREHOUSE
DESTINATION：SHANGHAI
PAYMENT：BY L/C AT 90 DAYS FORM DELIVERY ORDER DATE
REMARK：PREFER ADVISING BANK
BANK INTERNATIONAL NINGBO
SWIFT CODE：BINHCN2N

ACCEPTED AND CONFIRMED BY（双方签字盖章）

台州星星户外用品有限公司　　　　HONG KONG POLYMERS CO.，LTD.
signature　　　　signature

表 3-21　进口料件备案申请表

批准证号：[　　]某外贸进字第××××××号

序号	方式	商品编码	商品名称	规格型号	数量	单位	单价	总价	原产地	备注
1	进口		聚乙烯(拉丝级、颗粒状)	HDPE TITANVENEH D5609AA	100000	千克	××××	××××	印度	限制
总计			进口料件总值							

表 3-22　出口成品申请备案清单

经营单位名称：

序号	商品编码	商品名称	规格型号	数量	单位	单价	总价	原产地
1	××××	塑料天蓬	××××	××××	千克	××××	××××	意大利

表 3-23　单耗申报单

企业名称			企业编码		手册编码	C××××		
申报环节	备案　成品出口前　深加工结转前　内销前　报核前							
成品	项号	1	版本号		商品编码	392410××××		
	商品名称	塑料天蓬	计量单位	千克	规格型号			
料件	项号	商品编码	商品名称	计量单位	规格型号	单耗/净耗	损耗率	非保税料件比例
	1		塑料天蓬			1	2	
	成品单耗与商务主管部门审批并出具的《备案清单》一致							

注：若“单耗/净耗”栏申报内容为净耗，则需申报相应损耗率数据；若“单耗/净耗”栏申报为单耗，则不必重复申报损耗率数据，损耗率栏应为空。

表 3-24　加工贸易业务批准证

批准证号：椒江外经贸[2012]进字第×××××号

1. 经营企业名称：台州星星户外用品有限公司	3. 加工企业名称：台州星星户外用品有限公司
2. 经营企业类型：其他企业 经营企业编码：330014815××××	4. 加工企业类型：其他企业 加工企业编码：330014815××××
5. 加工贸易类型：进料加工	6. 出口制成品返销截止日期：2012 年 1 月 11 日

续表

<table>
<tr><td rowspan="3">进料加工</td><td>7. 进口合同号：WKTZ08××××</td><td rowspan="3">来料加工</td><td colspan="2">10. 合作外商</td></tr>
<tr><td>8. 出口合同号：TZC×××</td><td colspan="2">11. 合同号：</td></tr>
<tr><td>9. 客供辅料合同号</td><td colspan="2">12. 加工费(美元)</td></tr>
<tr><td colspan="2">13. 进口主要料件：聚乙烯(拉丝级、颗粒状)</td><td colspan="3">16. 出口主要制成品(详细目录见清单)：聚乙烯(拉丝级、颗粒状)</td></tr>
<tr><td colspan="2">14. 进口料件总值(美元)：</td><td colspan="3">17. 出口制成品总值(美元)</td></tr>
<tr><td colspan="2">15. 进口口岸：上海关区</td><td colspan="3">18. 出口口岸：上海</td></tr>
<tr><td colspan="2">19. 加工企业地址、联系人、电话：</td><td colspan="3">20. 加工地主管海关：台州海关</td></tr>
<tr><td colspan="2">21. 加工企业生产能力审查单位：台州市外经贸局</td><td colspan="3">22. 经营企业银行基本账户账号：</td></tr>
<tr><td colspan="2" rowspan="2">23. 国产料件总值(美元)</td><td rowspan="2">24. 深加工结转金额</td><td>转入(美元)</td><td></td></tr>
<tr><td>转出(美元)</td><td></td></tr>
<tr><td colspan="2">25. 备注</td><td colspan="3">26. 发证机关签章：
同意申请。
27. 发证日期：</td></tr>
</table>

表 3-25　银行保证金台账开设联系单

联系单编号：　　　　　　　　　　　　　　　　　　　　　　　　　主管海关：台州海关

中国银行　　　　　　　　　　　　　　　　　　　　　　　　　　分(支)行

兹有台州星星户外用品公司开展加工贸易，需在你行开设保证金台账，请审核办理。　　合同号：

台账核销期限	×年×月×日	
台账金额	××××	海关盖章
台账保证金(人民币)	××××	年　月　日
备注		

本单共四联，只供海关、中国银行(二联)、加工贸易企业办理保证金台账使用，它用无效。

(3) 取得合同备案的凭证。

海关受理并准予备案后，计算机系统自动生成手册编号。

台州星星户外用品公司按规定在中国银行开设了台账后，凭银行签发的《银行保证金台账登记通知单》，到合同备案主管海关领取电子化手册编号 C2905812××××。

第二步，税料件进口报关。

台州××塑业有限公司通过电子口岸电子化手册系统按规定格式录入当次进出境的料号级清单数据，并向电子口岸数据中心报送。电子口岸数据中心按归并关系，将企业申报的清单生成报关单(表 3-26)。企业接收到此报关单信息后，将报关单上的剩余各项填写完毕，生成完整的报关单，向海关进行申报。

表 3-26 进口货物报关单

录入编号： 海关编号：

进口口岸： 外高桥关 2218		备案号： C2905812××××	进口日期	申报日期
经营单位 台州星星户外用品有限公司		运输方式	运输工具名称	提运单号
收货单位 台州星星户外用品有限公司		贸易方式： 进料对口 0615	征免性质： 进料加工 503	征税比例： 0%
许可证号		启运国(地区)： 中国(142)	装货港： 中国境内(142)	境内目的地： 台州(33119)
批准文号	成交方式： CIF	运费	保费	杂费
合同协议号： wktz08245A	件数： 4000	包装种类： 包	毛重(千克)： 100500	净重(千克)： 100000
集装箱号：0		随附单据：A		用途
标记唛码及备注				

项号	商品编号	商品名称、规格型号	数量及单位	原产国(地区)	单价	总价	币制	征免
1	3901200090	聚乙烯(拉丝级、颗粒状) HDPE TITANVENE HD5609AA		印度尼西亚(112)				全免 用途：加工返销

税费征收情况		
录入员 录入单位 报关员： 单位地址： 电话： 邮编：	兹声明以上申报无讹并承担法律责任 申报单位(签章) 填制日期：	海关审单批注及放行日期(签章) 审单 审价 征税 统计 查验 放行

第二步，配合海关进行中期核查。

海关定期对从事加工贸易企业进行核查，以确定加工贸易业务活动是否规范。报关员、企业相关人员随同配合查验，并提供单耗表、料件出入库等记录。

第四步，成品出口报关。

（1）填制出口货物报关单（表 3－27）。

表 3－27　出口货物报关单

预录入编号：　　　　　　　　　　　　海关编号：

<table>
<tr><td colspan="2">出口口岸
北仑海关(3104)</td><td>备案号
C2905812××××</td><td>出口日期</td><td>申报日期</td></tr>
<tr><td colspan="2">经营单位
台州星星户外用品有限公司</td><td>运输方式
江海运输</td><td>运输工具名称</td><td>提运单号</td></tr>
<tr><td colspan="2">发货单位
台州星星户外用品有限公司</td><td>贸易方式
进料对口(0615)</td><td>征免性质
进料加工(503)</td><td>结汇方式
信用证(L/C)</td></tr>
<tr><td colspan="2">许可证号</td><td>运抵国(地区)
意大利(307)</td><td>指运港
意大利(307)</td><td>境内货源地
台州(33119)</td></tr>
<tr><td>批准文号</td><td>成交方式
FOB</td><td>运费</td><td>保费</td><td>杂费</td></tr>
<tr><td>合同协议号</td><td>件数</td><td>包装种类</td><td>毛重(千克)</td><td>净重(千克)</td></tr>
<tr><td colspan="2">集装箱号</td><td colspan="2">随附单据</td><td>生产厂家</td></tr>
<tr><td colspan="5">标记唛码及备注</td></tr>
<tr><td colspan="5">项号　商品编号　　商品名称、规格型号　数量及单位　最终目的国(地区)　单价　总价　币制　征免
6306199090　塑料天蓬(聚乙烯占 98.5%，其他辅料占 1.5%)1×100m、2×100m 等　　意大利(307)　　502 全免</td></tr>
<tr><td colspan="5">税费征收情况</td></tr>
<tr><td colspan="3">录入员　录入单位
兹声明以上申报无讹并承担法律责任
申报单位(签章)
报关员：
单位地址：　电话：
邮编：　填制日期：</td><td colspan="2">海关审单批注及放行日期(签章)
审单　审价
征税　统计
查验　放行</td></tr>
</table>

（2）办理边角料内销。

保税加工货物转内销应经商务主管部门审批，加工贸易企业凭《加工贸易保税进口料件内销批准证》办理内销料件正式进口报关手续，缴纳进口税和缓税利息。

经批准允许转内销的保税加工货物属进口许可证件管理的，企业还应按规定向海关补交进口许可证件；申请内销的剩余料件，如果金额占该加工贸易合同项下实际进口料件总额3%及以下且总值在人民币1万元及以下的，免予审批，免予交验许可证件。经过查询，聚乙烯转内销不需要办理许可证件。

第五步，保税加工业务报销。

（1）合同履约后，及时收集、整理、核对电子手册和进出口货物报关单。

（2）根据有关账册记录、仓库记录、生产工艺资料等查清此合同加工生产的实际单耗，并据以填写核销核算表(产品的实际单耗如与合同备案单耗不一致，应在最后一批成品出口前进行单耗的变更)。

（3）填写核销预录入申请单，办理报核预录入手续。

（4）携带有关报核需要的单证，到主管海关报核，并填写报核签收回联单。

企业通过电子口岸数据中心向台州海关报送表头、报关单、进口料件、出口成品、单损耗等方面的数据，台州海关接收到数据后进行核算、结案，并打印结案通知书交付企业。

操作三 其他货物通关

【任务描述】

某缝纫机公司欲参加德国展会，展出工业用缝纫机若干台。展出期间，其中5台被德国某公司购买，剩余货品在展览结束后退回中国。

报关员林雨的具体工作任务如下：

第一步，拟订货物的报关程序。

第二步，准备申报单证。

第三步，办理货物出运手续。

第三步，办理展览品复运进境手续。

第四步，办理销案及结关手续。

【知识复习】

一、特定减免税货物报关

1. 什么是特定减免税货物

特定减免税货物是指海关根据国家政策规定准予减免税进境，并使用于特定地区、特定企业、特定用途的货物。特定地区指两区：保税区和出口加工区。特定企业主要指 3 种外资企业。特定用途是指国内投资项目、利用外资项目、科教用品项目、残疾人专用品项目等。

特定减免税货物在入境时减免进口关税，但在进口申报时一般不能免交进口许可证件，并且货物进口后在特定的海关监管期限内仍然要接受海关监管。监管期限自货物进口之日起计算，船舶、飞机的监管期限为 8 年，机动车辆的监管期限为 6 年，其他货物的监管期限为 5 年。

特定减免税货物与保税货物、一般贸易货物的比较见表 3-28。

表 3-34　特定减免税货物与保税货物的比较

比较项目	异同点	特定减免税货物	保税货物
特定的条件	异	单边进口的三特货物	进境后将复运出境的货物
	共	改变货物用途的，必须按一般进口货物报关纳税。不再保税和免税	
进口前手续	异	进口前办理减免税证明	合同备案登记，申领登记手册或账册
管理	异	时效管理，期限届满解除监管	海关对保税货物实行核销管理
	共	均为海关监管货物	

2. 特定减免税货物的报关流程

1）减免税备案和审批

减免税备案和审批的阶段包括两个环节：先办理减免税备案登记(海关核发《征免税登记手册》)，进口前再申领减免税证明。

一般情况下，减免税申请人向投资项目所在地海关申请办理。如果投资项目涉及多个海关，向其所在地海关或者有关海关的共同上级海关申请办理。主管海关审核后，确定其所申请货物的免税方式，符合条件的签发《进出口货物征免税证明》，征免税证明有效期一般为 6 个月，如遇情况特殊，可申请延长，延长的最长期限为 6 个月。征免税证明实行"一份证明只能验放一批货物"的原则，即一份征免税证明上的货物只能在一个进口口岸一次性进口。

2）进口报关

特定减免税货物进口报关时，应注意以下事项：

（1）减免税申请人或其代理人持减免税证明、许可证等相关证件按一般进出口货物办理报关程序，但不需要缴纳进出口关税。

（2）特定减免税货物一般不豁免进口许可证件，下列情况例外：

① 外资企业和中国香港、中国澳门、中国台湾同胞及华侨的投资企业进口本企业自用的机器设备。

② 外商投资企业在投资总额内进口涉及机电产品自动进口许可证管理的。

（3）特定减免税货物进口，填制报关单时，报关单上的备案号一栏要填写《进出口货物征免税证明》的 12 位编号。

【课堂思考】

北京某外资企业从美国购进大型机器成套设备，分 3 批运输进口，其中两批从天津进口，另一批从青岛进口。该批货物是否属于特定减免税货物的范围？如果能享受减免税待遇，该企业应向哪个海关申请办理减免税手续？要申请几份征免税证明？申报时是否需要提供进口许可证件？

3）后续处置和解除监管

（1）后续处置。在海关监管年限内，减免税申请人往往改变了当初的使用用途，这样就存在后续处置。后续处置的具体内容见表 3-29。

表 3-29　后续处置内容

改变情形	后续处置
变更使用地点	向主管海关提出申请办理异地监管手续，经主管海关审核同意并通知转入地海关后，才可将减免税货物运至转入地海关管辖地
结转	转出、转入减免税货物的申请人应当分别向各自的主管海关申请办理减免税货物的进口、出口报关手续；先转出，再转入
转让	应当事先向减免税申请人主管海关申请办理减免税货物补缴税款和解除监管手续
移作他用	应当事先向主管海关提出申请。经海关批准，方可移作他用，减免税申请人应当按照移作他用的时间补缴相应税款
变更	减免税申请人发生分立、合并、股东变更等情形的，在营业执照颁发之日起 30 日内，向主管海关汇报，视情况补征税款，或继续享受减免税待遇
终止	因破产、改制或者其他情形导致减免税申请人终止，没有承受人的，应当自资产清算之日起 30 日内向主管海关申请办理减免税货物的补缴税款和解除监管手续
退运境外	须退运出境的货物，应当报主管海关核准；退运出境后，持出口报关单向主管海关办理原进口减免税货物的解除监管手续
贷款抵押	只能向金融机构抵押贷款，须提供担保，并经主管海关同意

（2）解除监管。

① 自动解除监管。监管期届满时，减免税申请人不必向海关申请领取《减免税进口货物解除监管证明》，自动解除监管，货物可以自行处置。

【课堂思考】

外商投资企业A公司在我国东部地区进行飞机制造项目的投资，经海关审定该项目的减免税额度为5000万元。该公司进口一套价值200万元的飞机制造设备。两年后，经批准按折旧价格(100万元)转让给同样享受减免税待遇的B公司(该公司的减免税额度为3000万元)，在海关办理了有关的结转手续。转让后，A公司的减免税额度是多少？B公司的减免税额度是多少？海关是否能对该套设备解除监管？

② 申请解除监管。

a. 期满申请解除监管。减免税申请人需要《减免税进口货物解除监管证明》的，自监管年限届满之日起1年内，持有关单证向海关申领。

b. 期内申请解除监管。监管期内，因特殊原因出售、转让、放弃，或者企业破产清算的，原《进出口货物征免税证明》的申请人在办理有关进口货物的结关手续后，应当向签发征免税证明的原主管海关提出解除监管申请，主管海关审核批准后，签发《减免税进口货物解除监管证明》。

【课堂思考】

某外商投资饮料生产企业拟定了以生产果汁饮料、茶饮料和饮用水为主要产品的《可行性研究报告》，报主管商务部门审批后，取得的《国家鼓励发展的内外资项目确认书》中的“项目内容”核定为“水果加工”，此后该企业以特定减免税方式进口了价值近400万美元的灌装生产设备。但上述设备投产后，由于果蔬类饮料国内市场销路不畅，该企业在未经海关批准的情况下，将灌装设备用于生产瓶装纯净水。如果你是海关工作人员，你觉得上述行为有无违规嫌疑？如果有，可能构成哪类违规行为？

二、暂准进出境货物报关

1. 暂准进出境货物的概念

暂准进出境货物是指为了特定的目的，经海关批准暂时进出境，并在规定的期限内复运出进境的货物。

暂准进出境货物具有非贸易性，适用范围包括以下两大类：

(1) 第一类(全部免税)是指经海关批准暂时进出境、缴纳保证金、在规定的期限内复运出(进)境的货物。包括：①在展览会、交易会、会议及类似活动中展示或者使用的货物；②文化、体育交流活动中使用的表演、比赛用品；③进行新闻报道或者摄制电影、电视节目使用的仪器、设备及用品；④开展科研、教学、医疗活动使用的仪器、设备及用品；⑤前述4项所列活动中使用的交通工具及特种车辆；⑥暂时进出的货样；⑦供安装、调试、检测设备时使用的仪器、工具；⑧盛装货物的容器；⑨其暂时进出境用于非商业目的的货物。

(2) 第二类(部分免税)是指第一类以外的暂准进出境货物，如工程施工中使用的设备、仪器及用品，应当按照该货物的完税价格和其在境内滞留时间与折旧时间的比例计算征收进出口税。

2. 暂准进出境货物的报关监管

暂准进出境货物的特点是在报关时暂时不缴纳税费，也不用提交许可证件(原因是非实际进出境)，但在规定期限内(6 个月)要按原状复运出(进)境，最后要按货物实际使用情况办结海关手续。

1) 使用 ATA 单证册的暂准进出境货物的报关

ATA 单证册是“暂准进口单证册”的简称，是指世界海关组织通过的《货物暂准进口公约》及其附约 A 和《ATA 公约》中规定使用的，用于替代各缔约方海关暂准进出口货物报关单和税费担保的国际性通关文件。ATA 单证册由 8 页组成：一页绿色封面单证、一页黄色出口单证、一页白色进口单证、一页白色复出口单证、两页蓝色过境单证、一页黄色复进口单证、一页绿色封底。

我国海关只接受中文或者英文填写的 ATA 单证册，并且仅适用于展览会、交易会、会议及类似活动的货物。

我国规定单证册有效期 6 个月，超期需直属海关批准；如超过 1 年，需经海关总署批准。

使用 ATA 单证册流程如图 3.11 所示。首先要向出证协会提出申请(中国国际商会是我国 ATA 单证册的担保协会和出证协会)，缴纳一定的手续费，并按出证协会的规定提供担保，出证协会审核后签发 ATA 单证册。持证人凭 ATA 单证册将货物在出境国(地区)申报暂时出境，货物暂时进境到进境国(地区)时，进境国(地区)海关经查验签章后放行。货物完成暂时进境的特定使用后，从进境国(地区)复运出境，又回到原出境国(地区)。持证人将使用过的、经各海关签注的 ATA 单证册交还给原出证协会，完成 ATA 单证册的使用。

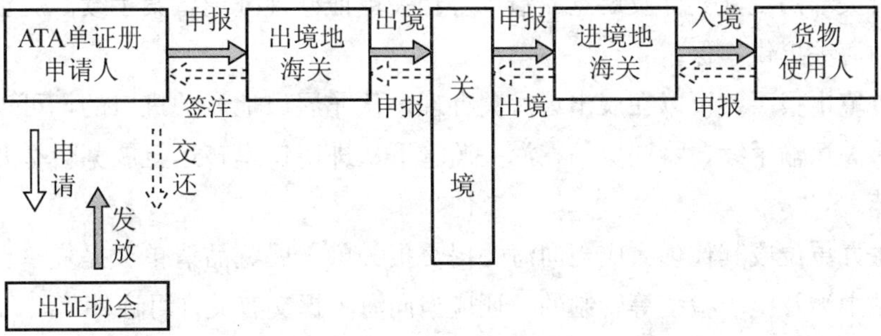

图 3.11 ATA 单证册正常使用流程

(1) 在我国进境的申报。我国进境货物收货人或其代理人持 ATA 单证册向海关申报进境展览品时，先在中国国际商会将 ATA 单证册上的内容预录入海关与商会联网的 ATA 单证册电子核销系统，然后向展览会主管海关提交纸质 ATA 单证册、提货单等单证。

海关在白色进口单证上签注，并留存白色进口单证(正联)，退还其存根联和 ATA 单证册其他各联给货物收货人或其代理人。

(2) 在我国出境的申报。我国出境货物发货人或其代理人持 ATA 单证册向海关申报出境展览品时，向出境地海关提交国家主管部门的批准文件、纸质 ATA 单证册、装货单等单证。

海关在绿色封面单证和黄色出口单证上签注，并留存黄色出口单证(正联)，退还其存根联 ATA 单证册其他各联给出境货物发货人或其代理人。

(3) 在我国过境的申报。过境货物承运人或其代理人持 ATA 单证册向海关申报将货物通过我国转运至第三国参加展览会的，不必填制过境货物报关单。海关在两份蓝色过境单证上分别签注后，留存蓝色过境单证(正联)，退还其存根联和 ATA 单证册其他各联给运输工具承运人或其代理人。

(4) 使用 ATA 单证册报关的暂准进出境货物的结关。持证人在规定期限内将进境展览品、出境展览品复运出境、复运进境，海关在白色复出口单证或黄色复进口单证上签注，留存单证(正联)，退还其存根联和 ATA 单证册其他各联给持证人，正式核销“结关”。

2) 不使用 ATA 单证册报关的进出境展览品的报关

进境展览品包含在展览会中展示或示范用的货物、物品、示范展出的机器或器具所需用的物品、展览者设置临时展台的建筑材料及装饰材料、供展览品做示范宣传用的电影片、幻灯片、录像带、录音带、说明书、广告、光盘、显示器材等。

出境展览品包括展览品以及与展览活动有关的宣传品、布置品、招待品及其他办公用物品。与展览活动有关的小卖品、展卖品可以按展览品报关出境；不按规定期限复运进境的办理一般出口手续，交验出口许可证件，缴纳出口关税。

进出境展览品的暂准进出境期限都是 6 个月，在 6 个月内复运出进境。如果需要延长期限，应当向主管海关提出申请，经海关批准可以延长，延长期限最长不超过 6 个月。

(1) 进出境展览品的申报。

① 进境申报。境内展览会的办展人或者参展人应在展览品进境 20 个工作日前，向展出地海关提交有关部门批准文件及展览品清单等相关单证办理登记备案手续。展览会主办单位或其代理人向海关提供担保。

展览品进境申报手续可以在展出地海关办理。从非展出地海关进口的，可以申请在进境地海关办理转关运输手续，将展览品在海关监管下从进境口岸转运至展览会举办地主管海关办理申报手续。

展览会主办单位或其代理人应当向海关提交报关单、展览品清单、提货单、发票、装箱单等。展览品中涉及检验检疫等管制的，还应当向海关提交有关许可证件。

② 出境申报。展览品出境申报手续应当在出境地海关办理。在境外举办展览会或参加国外展览会的企业应当向海关提交国家主管部门的批准文件、报关单、展览品清单(一式两份)等单证。

展览品属于应当缴纳出口关税的，应向海关缴纳相当于税款的保证金；属于核用品、“核两用品”及相关技术的出口管制商品的，应当提交出口许可证。

海关对展览品开箱查验，核对展览品清单。查验完毕，海关留存一份清单，另一份封入“关封”交还给出口货物发货人或其代理人，凭以办理展览品复运进境申报手续。

（2）进出境展览品的核销结关。

① 复运进出境。进境展览品按规定期限复运出境，出境展览品按规定期限复运进境后，海关分别签发报关单证明联，展览品所有人或其代理人凭以向主管海关办理核销“结关”手续。

展览品未能按规定期限复运进出境的，展览会主办单位或出国举办展览会的单位应当向主管海关申请延期，在延长期内办理复运进出境手续。

② 转为正式进出口。进境展览品在展览期间被人购买的，由展览会主办单位或其代理人向海关办理进口申报、纳税手续，其中属于许可证件管理的，还应当提交进口许可证件。出口展览品在境外参加展览会后被销售的，由海关核对展览品清单后要求企业补办有关正式出口手续。

③ 展览品放弃或赠送。展览会结束后，进口展览品的所有人决定将展览品放弃交由海关处理的，由海关变卖后将款项上缴国库。有单位接受放弃展览品的，应当向海关办理进口申报、纳税手续。

展览品的所有人决定将展览品赠送的，受赠人应当向海关办理进口手续，海关根据进口礼品或经贸往来赠送品的规定办理。

④ 展览品毁坏、丢失、被窃。展览品因毁坏、丢失、被窃等原因而不能复运出境的，展览会主办单位或其代理人应当向海关报告。对于毁坏的展览品，海关根据毁坏程度估价征税；对于丢失或被窃的展览品，海关按照进口同类货物征收进口税。

展览品因不可抗力遭受损毁或灭失的，海关根据受损情况，减征或免征进口税。

3）集装箱箱体监管

集装箱箱体可以是运输设备，也可以是买卖双方交易的商品。当货物用集装箱装载进出口时，集装箱箱体就作为一种运输设备；当一个企业购买进口或销售出口集装箱时，集装箱箱体就是普通的进出口货物。此处介绍的是作为运输设备的集装箱箱体的报关。

（1）境内集装箱。境内生产的集装箱及我国营运人购买进口的集装箱在投入国际运输前，营运人应当向其所在地海关办理登记手续。

海关准予登记并符合规定的集装箱箱体，无论是否装载货物，海关准予暂时进境和异地出境，营运人或其代理人无需对箱体单独向海关办理报关手续，进出境时也不受规定的期限限制。

（2）境外集装箱。境外集装箱箱体暂准进境，无论是否装载货物，承运人或其代理人应当向海关申报，并应当于入境之日起 6 个月内复运出境。如因特殊情况不能按期复运出境，营运人应当向暂准进境地海关提出延期申请，经海关核准后可以延期，但延长期最长不得超过 3 个月，逾期应按规定向海关办理进口报关纳税手续。

4）其他暂准进出境货物监管

其他暂时进出境货物在进出境前需要向主管海关申请行政许可，在海关核准为暂时进出境货物以后方可按暂准进出境货物办理报关。

（1）进境申报。进境申报时，要提交定性为暂时进境货物的批件、装箱单、报关单、提单等文件。在提供担保的条件下免税、免证，但国家规定需要实施检验检疫的、或为公共安全、公共卫生等实施管制措施的货物，仍应提交许可证。

(2) 出境申报。出境申报时，提交定性为暂时出境货物的批件等出境报关。在提供担保的条件下免税、免证，但易制毒化学品、监控化学品、消耗臭氧层物质和有关核出口、核两用品及相关技术除外。

(3) 核销结关。持复运进出境报关单、或货物放弃收据、或正式报关单报核。海关审核后退还保证金或其他担保，销案结关。

【课堂思考】

美国杰克公司委托某报关行办理有关展览事宜的一切手续。上海展出后该批货又应邀到青岛展览，在青岛展览期间，整流器及变压器无偿赠送给青岛某电器公司，其余货品在展览结束后退回美国。该电器公司报关员应当如何办理手续?

三、其他进出境货物报关

1. 货样、广告品的报关

1) 相关概念

货样是指专供订货参考的进出口货物样品。广告品是指用以宣传有关商品的进出口广告宣传品。

知识链接

有进出口经营权的企业价购或售出的货样、广告品为货样广告品 A；没有进出口经营权的企业(单位)进出口及免费提供的进出口货样、广告品为货样广告品 B。

2) 报关程序

货样、广告品的报关只有进出口报关阶段，分为 4 个环节：申报→配合查验→缴纳税费→提取或装运货物(除暂准进出境的)。

(1) 许可证件管理。

① 非许可证件管理的货样、广告品。

有进出口经营权的企业，进口属于非许可证件管理的货样、广告品，凭经营权向海关申报。

没有进出口经营权的企业进口数量合理且价值在人民币 1000 元以下的非许可证件管理的货样、广告品，凭司局级以上单位证明向海关申报。数量不合理或价值在人民币 1000 元以上的，凭省级商务主管部门的审批证件向海关申报。

② 属于许可证件管理的货样、广告品，凭进口许可证向海关申报。

③ 若进口货样、广告品属自动进口许可管理的机电产品和一般商品，每批次价值在人民币 5000 元以下，免领自动进口许可证(旧机电产品除外)。

④ 出口货样每批次货值人民币 3 万以下的免领出口许可证。两用物项和技术的货样或试验用样品不能免两用物项和技术出口许可证。

⑤ 列入《法检目录》范围内的进出口货样、广告品，凭货物报关地出入境检验检疫局签发的《出入境货物通关单》向海关申报。

(2) 税收管理。

进出口货样、广告品经海关审核数量合理且每次总值在人民币 400 元及以下的，免征关税和进口环节海关代征税。每次总值在人民币 400 元以上的，征收超出部分的关税和进口环节海关代征税。

(3) 免证。

进口货样、广告品属自动进口许可证管理的机电产品和一般商品，每批次价值人民币 5000 元以下的免领自动进口许可证(旧机电产品除外)。出口货样每批次货值人民币 3 万以下免领出口许可证(两用物项和技术出口许可证除外)。

出口到欧盟、美国的纺织品，每批数量不超过 50 件(套、双、千克)的样品，或出口美国属美国进口商有用的非零售(无论价值多少)的样品以及做适当标注的少于 800 美元的样品，或者出口到欧盟、美国以外的其他国家、地区的纺织品免领纺织品临时出口许可证。

【课堂思考】

请问货样广告品价值超过多少就不能用快件形式报关?

2. 进出境快件物品的报关

1) 相关概念

进出境快件是指进出境快件运营人以向客户承诺的快速商业运作方式承揽、承运的进出境的货物、物品，分为文件类、个人物品类和货物类 3 种。

2) 报关要点

进境快件在运输工具申报进境之日起 14 天内，营运人应当向海关申报。出境快件在运输工具离境 3 小时前，营运人应当向海关申报。

进出口商需要按有关要求指示快件营运人或货运代理人使用适当的报关单申报，见表 3－30。

表 3－30 使用适当的报关单申报的情况

进出境快件类别		使用的报关单	备注
文件类		KJ1 报关单	
个人物品类		进出境快件个人物品报关单	海关考虑进境目的和停留时间，数量合理和自用的可免税
货物类	免税货物；无商业价值货样、广告品	KJ2 报关单	关税税额在人民币 50 元以下货物免税
	需要征税货样、广告品	KJ3 报关单	不适用于许可证管理的货物、需进口付汇、出口收汇和退税的货物
	其他货物类快件	进出口货物报关单	

【课堂思考】

某公司从韩国以快件方式进口传真机使用的传感器一批(10 纸箱，价值 18 万美元)，应该以什么方式报关？是否要进口许可证？

3. 退运货物的报关

1）一般退运货物

一般退运货物是指海关放行后退运的货物，进口、出口贸易都有一般退运货物。退运进口与退运出口的报关具体程序比较见表 3-31。

表 3-31　退运进口与退运出口的报关程序比较

<table>
<tr><th>比较项目</th><th colspan="2">报关程序</th><th>免退税情况</th></tr>
<tr><td rowspan="3">退运进口</td><td>原出口货物已收汇，已核销</td><td>填写进口报关单向进境地海关申报，提供原出口报关单、已盖核销章的外汇核销单出口退税联或已补税证明、保险公司证明或溢、漏卸证明</td><td rowspan="3">因品质、规格原因，出口货物自出口之日起年内原状退货复运进境的，不征进口税，只要重新缴纳因出口而退还的国内环节税，在你那内退原交纳的出口税</td></tr>
<tr><td>原出口货物未收汇</td><td>填报进口报关单申报进口，提交原出口报关单、外汇核销单、报关单退税联</td></tr>
<tr><td>原出口货物部分退运出口</td><td>海关在原出口报关单批注退运的实际数量、金额，核实后放行</td></tr>
<tr><td>退运出口</td><td colspan="2">填写出口报关单申报出境，并提供原货物进口时的进口报关单、保险公司证明或承运人溢装、漏卸证明，海关核实无误后，验放有关货物出境</td><td>因品质、规格原因退运出口的，免出口税，并在年内退还已征收的进口税</td></tr>
</table>

2）直接退运货物

直接退运货物是指在进境后、办结海关放行手续前，进口货物收发货人、原运输工具负责人或者其代理人(下文统称当事人)申请将货物直接退运境外，或者海关根据国家有关规定责令直接退运境外的全部或者部分货物。直接退运只针对进口货物。

（1）当事人申请直接退运的货物。在货物进境后、办结海关放行手续前，有下列情形之一的，当事人可以向海关申请办理直接退运手续。

① 因国家贸易管理政策调整，收货人无法提供相关证件的。

② 属于错发、误卸或者溢卸货物，能够提供发货人或者承运人书面证明文书的。

③ 收发货人双方协商一致同意退运，能够提供双方同意退运的书面证明文书的。

④ 有关贸易发生纠纷，能够提供法院判决书、仲裁机构仲裁决定书或者无争议的有效货物所有权凭证的。

⑤ 货物残损或者国家检验检疫不合格，能够提供国家检验检疫部门根据收货人申请而出具的相关检验证明文书的。

对在当事人申请直接退运前，海关已经确定查验或者认为有走私违规嫌疑的货物，不予办理直接退运，待查验或者案件处理完毕后，按照海关有关规定处理。

(2) 报关程序。当事人向海关申请直接退运，应当按照海关要求提交《进口货物直接退运申请书》、证明进口实际情况的合同、发票、装箱清单、已报关货物的原报关单、提运单或者载货清单等相关单证，符合申请条件的相关证明文书及海关要求当事人提供的其他文件。海关按行政许可程序受理或者不予受理，受理并批准直接退运的，制发《准予直接退运决定书》。

当事人办理进口货物直接退运的申报手续时，应当先填写出口货物报关单向海关申报，再填写进口货物报关单，并在进口货物报关单的“标记唛码及备注”栏填报关联报关单（出口货物报关单）号码。

因进口货物收发货人或者承运人的责任造成货物错发、误卸或者溢卸，经海关批准直接退运的，当事人免予填制报关单，凭《准予直接退运决定书》向海关办理直接退运手续。

经海关批准直接退运的货物不需要交验进出口许可证或者其他监管证件，免予征收各种税费及滞报金，不列入海关统计。

对货物进境申报后经海关批准直接退运的，在办理进口货物直接退运出境申报手续前，海关应当将原进口货物报关单或者转关单数据予以撤销。

进口货物直接退运应当从原进境地口岸退运出境。对因运输原因需要改变运输方式或者由另一口岸退运出境的，应当经由原进境地海关批准后，以转关运输方式出境。

知识链接

海关责令直接退运的货物

在货物进境后、办结海关放行手续前，有下列情形之一，依法应当退运的，由海关责令当事人将进口货物直接退运境外。

(1) 进口国家禁止进口的货物，经海关依法处理后的。

(2) 违反国家检验检疫政策法规，经国家检验检疫部门处理并且出具《检验检疫处理通知书》或者其他证明文书后的。

(3) 未经许可擅自进口属于限制进口用做原料的固体废物，经海关依法处理后的。

(4) 违反国家有关法律、行政法规，应当责令直接退运的其他情形。

对需要责令进口货物直接退运的，由海关根据相关政府行政主管部门出具的证明文书，向当事人制发《责令进口货物直接退运通知书》。

【课堂思考】

哪些货物准予办理直接退运，即可以办理直接退运的货物范围是什么?

4. 无代价抵偿货物的报关

1）相关概念

无代价抵偿货物指进出口货物在海关放行后，因残损、缺少、品质不良或规格不符，由进出口货物的发货人、承运人或者保险公司免费补偿或更换的与原货物相同或者与合同规定相符的货物。无代价抵偿货物的申报，必须在索赔期限内且不超过原货物进出口之日起3年。

无代价抵偿货物与原货物的税则号列应当一致，如果不一致，则属于“一般进出口货物”的范围。

2）报关要点

无代价抵偿大体上可以分为两种，一种是短少抵偿，一种是残损、品质不良或规格不符抵偿。对两种抵偿引起的两类进出口无代价抵偿货物在报关程序上有所区别。

（1）短少抵偿货物的报关。短少引起的无代价抵偿的货物，不存在将原货物退运的需要，我国境内经营人直接将短少部分运出境外，或直接将短少部分补运进境内即可。由于原先已经申报过，故无需征税，也不需要交验许可证件。

（2）残损、品质不良或规格不符引起的无代价抵偿货物的报关。进出口无代价抵偿货物之前，应当先办理被更换的原进出口货物中残损、品质不良或规格不符合货物的有关海关手续。

① 原进(出)口货物退运。被更换的原进口货物退运出境时不征收出口关税；被更换的原出口货物退运出境时不征收进口关税和进口环节代征税。

② 原进(出)口货物放弃后交由海关处理。海关依法处理并向收货人提供依据，凭以申报进口无代价抵偿货物。

③ 原进(出)口货物不退运、也不放弃。按一般进出口货物办理海关手续。

知识链接

报关应提供的单证

1. 进口申报要提供的单证

（1）原《进口货物报关单》。

（2）原进口货物退运出境的《出口货物报关单》，或者原进口货物交由海关处理的货物放弃处理证明，或者已经办理纳税手续的单证。

(3) 原进口货物税款缴纳书或者《进出口货物征免税证明》。

(4) 买卖双方签订的索赔协议。

海关认为需要时，纳税义务人还应当提交具有资质的商品检验机构出具的原进口货物残损、短少、品质不良或者规格不符的检验证明书或者其他有关证明文件。

2. 出口申报要提供的单证

(1) 原《出口货物报关单》。

(2) 原出口货物退运进境的《进口货物报关单》，或者已经办理纳税手续的单证(短少抵偿的除外)。

(3) 原出口货物税款缴纳书。

(4) 买卖双方签订的索赔协议。

【课堂思考】

无代价抵偿货物的办理期限是在原进出口合同规定的索赔期内，而且不超过原货物进出口之日起 3 年。这句话如何理解?

5. 退关货物的报关

1) 相关概念

退关货物又称出口退关货物，指向海关申报出口并获准放行，因故未能装上运输工具，经发货单位请求，退运出海关监管区不再出口的货物。

2) 报关要点

得知出口货物未装上运输工具，并决定不在出口之日起 3 天内，向海关申请退关；经海关核准且撤销出口申报后方能将货物运出海关监管场所；已缴纳出口税的退关货物，可以在缴纳税款之日起 1 年内，向海关申请退税；办理退关手续后，海关应对所有单证予以注销，并删除有关报关电子数据。

【课堂思考】

如何区分退关货物与退运货物?

6. 租赁货物的报关

1) 相关概念

租赁是指所有权和使用权之间的一种借贷关系，即资产所有者(出租人)按契约规定，将租赁货物租给使用人(承租人)，承租人在规定期限内支付租金并享有对租赁物件使用权的一种经济行为。

2) 报关要点

国际租赁大体有两种。一种是金融租赁，采用这种租赁方式进境的货物一般是不复运出境的，租赁期满，出租人会以很低的名义价格转让给承租人，租金是分期支付，租金的总额一般都大于货价。金融租赁带有融资性质。另一种是经营租赁。进口的货物一般都是暂时性的，按合同规定的期限复运出境，租金的总额一般都小于货价。经营租赁带有服务性质。两种租赁货物在报关上是有区别的，具体见表 3－32。

表 3－32　金融租赁与经营租赁货物在报关上的区别

比较项目		金融租赁	经营租赁
性质		带有融资性质	带有服务性质
税款缴纳	一次性缴纳	一次性按货价总值缴纳税款	一次性按租金总值缴纳税款
	分期缴纳	纳税义务人在每次支付租金后 15 日(含第 15 日)按支付租金金额向海关申报，缴纳相应的税费，直到最后一期租金支付	
备注		在租赁期届满之日起 30 日内，向海关办结海关手续	

【课堂思考】

下列关于按租金分期缴纳税款的租赁进口货物的报关手续，正确的是(　　)。

A. 收货人或其代理人在租赁货物进口报关时应当向海关提供租赁合同

B. 收货人或其代理人需要填制两张报关单，按照第一期应当支付的租金填制一张报关单用于征税，按照货物的实际价格填制一张报关单用于统计

C. 纳税义务人在每次支付租金后的 15 日内(含第 15 日)按支付租金额向海关申报纳税

D. 纳税义务人应当在租期届满之日起 15 日内，申请办结海关手续

7. 进出境修理货物的报关

1）相关概念

进境修理货物是指运进境进行维护修理后复运出境的机械器具、运输工具或者其他货物，以及为维修这些货物需要进口的原材料、零部件。出境修理货物是指运出境进行维护修理后复运进境的机械器具、运输工具或者其他货物，以及为维修这些货物需要出口的原材料、零部件。进出境修理货物海关监管内容见表 3－33。

表 3－33　进出境修理货物海关监管内容

比较项目		是否征税	许可证件	期限
进境修理货物		免纳税费，但要提供担保，并接受海关的后续监管	免交许可证件	在境内维修的期限为进境之日起 6 个月，可以申请延长，延长的期限最长不超过 6 个月
出境修理货物	保修期内	由境外免费维修的，免征税费；境外维修收费的，按境外修理费和料件费审定完税价格，计征税费		在境外维修的期限为出境之日起 6 个月，可以申请延长，延长的期限最长不超过 6 个月 超过海关规定期限复运进境的，海关按一般进口货物计征进口关税和进口环节海关代征税
	保修期外	按境外修理费和料件费审定完税价格，计征税费		

2）进境修理货物报关

货物进境后，收货人或其代理人持维修合同或者含有保修条款的原出口合同及申报进口需要的所有单证办理货物进口申报手续，并提供进口税款担保。

修理货物复出境申报时应当提供原修理货物进口申报时的报关单(留存联或复印件)。

修理货物复出境后应当申请销案，正常销案的，海关应当退还保证金或撤销担保。未复出境部分货物应当办理进口申报纳税手续。

3）出境修理货物报关

发货人在货物出境时，向海关提交维修合同或含有保修条款的原进口合同，以及申报出口需要的所有单证，办理出境申报手续。

【课堂思考】

出境修理货物超过海关规定期限复运进境的，海关按一般进口货物计征进口关税和环节海关代征税。这句话的表述是正确的还是错误的，为什么?

8. 出料加工货物的报关

1）相关概念

出料加工货物指我国境内企业运到境外进行技术加工后复运进境的货物。我国规定只有国内现有的技术手段无法或难以达到产品质量要求而必须运到境外进行某项加工的情况下，才可开展出料加工业务。出料加工原则上不能改变原出口货物的物理形态。完全改变原出口货物物理形态的出境加工属于一般出口。出料加工货物自运出境之日起 6 个月内应当复运进境，经海关批准，可以延期，延长的期限不得超过 3 个月。

2）报关要点

(1) 备案。到海关办理出料加工合同的备案申请手续，受理备案的应当核发《出料加工登记手册》。

(2) 进出口申报。

① 出境申报。出料加工货物出境，应向海关提交登记手册、出口货物报关单、货运单据及其他海关需要的单证申报出口，属许可证件管理的商品，免交许可证件；属于应征出口税的，应提供担保。

② 复进境申报。出料加工货物复运进口时，收货人或其代理人应向海关提交登记手册、进口报关单、货运单据及其他海关需要的单证申报进口。

海关对出料加工货物复进口货物以境外加工费、材料费、复运进境的运输及其相关费用和保险费审查确定完税价格征收进口关税和进口环节海关代征税。

3）海关核销

出料加工货物全部复运进境后，经营人应当向海关报核，海关进行核销，提供担保的，应当退还保证金或者撤销担保。出料加工货物未按海关允许期限复运进境的，海关按一般进口货物办理，将货物出境时收取税款担保金转为税款，货物进境时按一般进口货物征收进口关税和进口环节海关代征税。

【课堂思考】

根据出料加工管理规定，在以下 4 种情况中，不能申请办理出料加工手续的情况是(　　)。

A. 国内的技术手段无法达到产品质量要求

B. 国内尚不具备加工设备

C. 国内尚无达到产品质量要求的加工企业

D. 国内虽具备生产能力和技术条件但加工费用比国外高

9. 过境、转运、通运货物的报关

1）过境货物及其报关

过境货物是指从境外起运，在我国境内不论是否换装运输工具，通过我国陆路运输继续运往国外的货物。

海关监管过境货物的目的是防止过境货物在运输过程中滞留在国内，防止国内货物混入过境货物出境，防止禁止过境的货物从我国过境。

（1）进境报关程序。

① 经营人或报关单位向进境地海关递交《过境货物报关单》以及其他单证(如运单、装箱单等)，办理过境手续。

② 进境地海关审核查验无误后，提运单加盖“海关监管货物”戳记，并将过境货物报关单和过境货物清单制作“关封”后，加盖“海关监管货物”专用章，连同提运单交经营人或报关企业。

③ 经营人或报关单位将上述单证交出境地海关验核。

（2）出境报关程序。

① 经营人或报关单位向出境地海关申报，并递交进境地海关签发的“关封”，及时向出境地海关申报。

② 出境地海关审核后，加盖“放行章”，货物在海关的监管下出境。

过境货物的过境期限为 6 个月，特殊原因延长 3 个月。如果超过规定的期限 3 个月仍未过境，海关将依法提取变卖。

2）转运货物及其报关

转运货物是指由境外起运、通过我国境内设立海关的地点换装运输工具，不通过境内陆路运输运往国外的货物。

海关监管转运货物是为了防止货物在换装过程中误进口或误出口。外国转运货物在中国口岸存放期间，不得开拆、换包装或进行加工；应在 3 个月内办理海关有关手续并转运出境，超出规定期限 3 个月仍未转运出境或办理其海关手续的，海关将提取依法变卖处理；海关对转运的外国货物有权进行查验。

转运货物的报关程序为：装有转运货物的运输工具进境后，承运人应当在进口载货清单上列明转运货物的名称、数量、起运地和到达地，并向主管海关申报。经海关同意后，在海关指定地点换装运输工具并在规定时间内运送出境。

3）通运货物及其报关

通运货物是由境外起运、不通过我国境内陆路运输，并由原运载工具运载出境的货物。

通运货物的报关程序为：运输工具进境时，运输工具的负责人应凭注明通运货物名称和数量的《船舶进口报告书》或飞机《进口载货舱单》申报。海关接受申报后，在货物进境和离境时核查，监管货物在 3 个月内实际离境。需倒装货物时，应申请并在海关监管下进行。

过境货物、转运货物、通运货物 3 类货物的报关比较见表 3 - 34。

表 3 - 34　过境货物、转运货物、通运货物 3 类货物的报关比较

类别 \ 项目	运输形式	是否在我国境内换装	起运地	目的地
过境货物	通过我国境内陆路运输	不论是否换装运输工具		
转运货物	不通过我国境内陆路运输	换装	我国境外	我国境外
通运货物	不通过我国境内陆路运输	不换装		

【课堂思考】

以船舶装载从一国境外起运，经该国设立海关地点，不换装运输工具，继续运往其他国家的货物称为转运货物。这句表述方式正确吗?

10. 溢卸货物、误卸货物的报关

1) 相关概念

溢卸货物是指未列入进口载货清单、提单或运单的货物，或多于进口载货清单、提单或运单所列数量的货物。

误卸货物是指将指运境外港口、车站或境内其他地点的货物，在本港(车站)卸下。

2) 报关要点

经海关核实的溢卸货物和误卸货物，由载运该货物的原运输工具负责人自运输工具卸货之日起 3 个月内，向海关申请办理退运出境手续；或者由该货物的收发货人自运输工具卸货之日起 3 个月内，向海关申请办理退运或者申报进口手续。经申请也可延期办理，延期时限为 3 个月。超期未办理的，海关提取依法变卖处理。

溢卸货物、误卸货物报关程序的适用根据货物的处置来决定，大体分为 5 种情况，见表 3 - 35。

表 3 - 35　溢卸、误卸货物报关程序的适用情况

处理方法	适用对象	报关程序
(1) 退运境外	溢卸货物、误卸货物	按退运手续办理
(2) 境内转售		原收货人不接受的，由其他购货单位报关进境
(3) 溢短相补	溢卸货物	由短卸货物原收货人或其代理人按照无代价抵偿货物的报关程序办理进口手续
(4) 就地进口		溢卸货物由原收货人接受的，原收货人或其代理人应按一般进口货物报关程序办理进口手续
(5) 物归“原主”	误卸货物	应运往国内其他口岸的，收货人可就地报关进境然后运输，也可申报转关到指运地报关

经海关核实的溢卸货物和误卸货物，由载运该货物的原运输工具负责人自运输工具卸货之日起 3 个月内，向海关申请办理退运出境手续。

【课堂思考】

保税货物超过规定的期限 3 个月未向海关申请办理复运出境或其他海关手续的，海关的处理方法是怎样的?

11. 放弃货物的报关

放弃货物又称放弃进口货物，是指进口货物的收货人或其所有人声明放弃，由海关提取依法变卖处理的货物。

放弃交由海关处理的货物包括：没有办结海关手续的一般进口货物；保税货物；在监管期内的特定减免税货物；暂准进境货物；其他没有办结海关手续的进境货物。国家禁止或限制进口的废物、对环境造成污染的货物不得声明放弃。

对于放弃进口货物，海关将依法提取变卖，变卖进口货物所得的价款，先拨付变卖处理实际支付的费用后，再扣除运输、装卸、储存等费用。不足以支付运输、装卸、储存等费用的，按比例支付。变卖价款扣除相关费用后尚有余款的，上缴国库。

转关指海关监管货物在海关的监管下，从一个海关运至另一个海关办理某海关手续的行为。转关包括 3 种情况：进口转关、出口转关、境内监管货物的转关。

转关的操作方式包括提前报关转关、直转转关、中转转关 3 种。

1）进口货物的转关

（1）进口提前报关转关。进口提前报关转关是指先在指运地先申报，再到进境地办理进口转关手续。具体的报关操作程序见表 3-36。

表 3-36　进口提前报关转关操作程序

办理海关	操作程序
指运地海关	（1）向指运地海关录入《进口货物报关单》电子数据
	（2）指运地海关提前受理电子申报
	（3）计算机生成《进口转关货物申报单》
	（4）向进境地海关传输数据
进境地海关	（5）调阅审核进口转关数据，核销进境舱单
	（6）输入境内运输工具的编号及车牌号或船名
	（7）施加关锁，录入关锁号
	（8）在《汽车载货登记簿》或《船舶监管簿》上批注转关申报单号及有关内容

续表

办理海关	操作程序
进境地海关	(9) 在提货(运)单上加盖放行章，凭以办理提货手续
	(10) 在《进口转关货物核放单》上批注、签章后与《进口转关申报单》复印件留存归档
指运地海关 (货物运抵指运地海关后)	(11) 货物转关运输到指运地海关
	(12) 签注《汽车载货登记簿》或《船舶监管簿》
	(13) 在计算机中核销转关货物和运输工具
	(14) 验核关锁
	(15) 受理纸质单证的接单、征税、查验、放行等通关全过程

在电子数据申报之日起 5 日内，提前报关的转关货物收发货人或其代理人向进境地海关办理转关手续，办理时应提供进口转关货物申报单编号，并提交下列单证：①进口转关运输货物核放单(广东省内公路运输的，提交《进境汽车载物清单》)；②汽车载货登记簿或船舶监管簿；③提货单。对于提前报关的进口转关货物，进境地海关因故无法调阅进口转关数据时，可以按直转方式办理海关手续。

【课堂思考】

北京新达公司从美国进口一批货物，从天津入境，采用进口提前报关转关，应如何操作？

(2) 进口直转转关。进口直转转关是指货物的收货人或其代理人自运输工具申报进境之日起 14 天内向进境地海关录入转关申报数据，持有关单证直接办理转关手续。提交的申报单据包括进口转关运输货物申报单(广东省内公路运输的，提交进境汽车载物清单)、汽车载货登记簿或船舶监管簿。

货物转关运输之后，在海关规定期限内(货物运抵指运地之日起 14 日)，货物的收货人或其代理人向指运地海关办理报关手续，逾期缴纳滞报金。进口直转转关的操作程序见表 3－37。

表 3－37 进口直转转关操作程序

办理海关	操作程序
进境地海关	(1) 向进境地海关录入转关申报数据
	(2) 持一式三份《进口转关申报单》向进境地海关办理转关手续
	(3) 进境地海关接受转关申报后，将一份《进口转关申报单》留存归档，两份封入关封随货带交指运地海关

续表

办理海关	操作程序
指运地海关（货物运抵指运地海关后）	(4) 货物运抵指运地后，填报录入《进口货物报关单》
	(5) 向指运地海关办理进口报关手续
	(6) 指运地海关收取进境地海关签发的关封
	(7) 签注《汽车载货登记簿》或《船舶监管簿》
	(8) 在计算机中核销转关货物和运输工具
	(9) 验核关锁
	(10) 受理纸质单证的接单、征税、查验、放行等通关全过程

(3) 进口中转转关。进口中转转关是指具有全程提运单、需换装境内运输工具的进口中转货物由收货人或其代理人先向指运地海关办理进口申报手续，在电子数据申报之日起 5 日内，再由境内的承运人或其代理人批量向进境地海关办理转关手续的转关。

承运人办理中转关手续时，应向进境地海关提交进口转关货物申报单、进口货物中转通知书、运输工具纸质舱单(空运方式提交联程舱单)。以上 3 种进口转关方式的比较见表 3-38。

表 3-38 3 种进口货物转关方式的比较

转关方式	操作次序
提前报关转关	(1) 向指运地海关提前报关
	(2) 进境地海关办理转关手续
	(3) 转关运输
	(4) 指运地海关结关放行
直转转关	(1) 进境地海关办理转关手续
	(2) 转关运输
	(3) 向指运地海关报关
中转转关	(1) 向指运地海关提前报关
	(2) 承运人向进境地海关办理转关手续
	(3) 转关运输
	(4) 指运地海关结关放行

2) 出口货物的转关

(1) 出口提前报关转关。出口提前报关转关是指发货人或代理人在货物运抵起运地海关监管场所前，先向起运地海关传送出口货物报关单电子数据，由起运地海关提前受理电子申报，生成出口转关货物申报单数据，传输至出境地海关。出口提前报关转关的货物应在电子数据申报之日起 5 日内运抵起运地海关监管场所，办理转关和验放手续，具体程序见表 3-39。

表 3-39 出口货物转关操作程序

办理海关	操作程序
起运地海关（货物运抵起运地海关监管场所前）	(1) 向起运地海关录入“出口货物报关单”电子数据
	(2) 起运地海关提前受理电子申报
	(3) 计算机生成“出口转关货物申报单”数据
	(4) 持相关单证向起运地海关办理出口转关手续
	(5) 对转关货物或运输工具施加海关关锁、录入关锁号
	(6) 批注《汽车载货登记簿》或《船舶监管簿》
	(7) 签发转关关封，内附二份经海关签章的《出口货物报关单》和一份《出口转关申报单》
	(8) 数据传输至出境地海关
出境地海关	(9) 调阅、审核起运地海关传输的《出口转关申报单》数据
	(10) 核对关锁
	(11) 批注《汽车载货登记簿》或《船舶监管簿》，向起运地海关发送转关核销的电子回执
	(12) 在运单(装货单)上加盖海关放行章，交由发货人或其代理人办理货物的装运出境手续
	(13) 货物实际离境后，核销清洁舱单，向起运地海关结关反馈

起运地转关申报所需单证：出口货物报关单、汽车载货登记簿或船舶监管簿、广东省内出境汽车载货清单(广东省内公路运输的)。

出境地办理出境手续要提交的单证：起运地海关签发的出口货物报关单、出口转关货物申报单、汽车载货登记簿或船舶监管簿。

(2) 出口直转转关。出口直转转关是指发货人或代理人在货物运抵起运地海关监管场所后(进入报关程序)，向起运地海关申报录入《出口货物报关单》电子数据，由起运地海关受理电子申报，生成《出口转关货物申报单》数据，传送到出境地海关。

出口直转转关方式与提前报关转关方式的区别在于向起运地海关申报录入《出口货物报关单》电子数据的时间不同，其他操作相同。

(3) 出口中转转关。具有全程提运单、需换装境内运输工具的出口中转转关货物，其发货人或代理人向起运地海关办理出口报关手续后，再由承运人或其代理人向起运地海关传送并提交出口转关货物申报单及其他单证，向起运地海关办理货物出口转关手续。

起运地海关核准后，签发《出口货物中转通知书》，承运人或其代理人凭以到出境地海关办理中转货物的出境手续。

3) 境内监管货物的转关

(1) 境内监管货物提前申报转关。由转入地货物收货人向转入地海关提前录入进口货物申报单，生成《进口转关货物申报单》，并将电子数据传输到转出地海关。然后，收货人向转出地海关办理转关手续，提交的单据包括《进口转关货物核放单》、《汽车载货登记簿》或《船舶监管簿》。

(2) 境内监管货物直接转关。转入地货物收货人在转出地海关录入转关申报数据，直接向转出地海关办理转关手续。

货物运抵转入地后，转入地货物收货人向转入地海关办理货物的报关手续。

【任务完成】

第一步，拟订货物的报关程序。

该批货物属于暂准进出境货物中的展览品，应该按出境展览品的程序报关。

第二步，准备申报单证。

准备以下单证：

(1) 归口审批部门准予出境展览的批准批件。

(2) 展品清单一式二份。

(3) 出口货物报关单一式三份。

(4) 运输单据。

第三步，办理货物出运手续。

持上述单证到海关办理出境申报手续，经海关开箱查验后，核对展览品清单后，予以放行。海关留存一份清单，另一份装入“关封”退回(凭此份可在日后办理复运进境的申报手续)。

第四步，办理货物复运进境手续。

被德国某公司购买的缝纫机转为正式出口，在海关核对展览品清单后予以补办出口手续。其余货品在展出结束后从境外复运入境时，凭单向入境地海关申报，届时提交展品清单(一式两份)、进口货物报关单(一式三份)以及运输单据。

第五步，办理销案手续。

展会结束后，剩余展品全部复运入境，办结有关海关手续后，准备好所有单证(包括进口展览会核销申报表、进出口报关单、原进口保证金收据等)向海关报核。

【执业资格考试复习题】

一、不定项选择题

1. 运载进口货物的运输工具于6月2日申报进境，收货人于6月17日(星期日)向海关申报，当天被海关接受。滞报期应为(　　)。

A. 0天　　B. 1天　　C. 2天　　D. 3天

2. 某公司按暂定价格申报进口完税价格为250000元，滞报2天，支付滞报金后，当天完税价格调整为300000元人民币，申请修改申报被海关接受。该公司除补交税款外还应补交滞报金(　　)元。

A. 150　　B. 100　　C. 50　　D. 0

3. 进出口货物的收、发货人或其代理人完成电子申报后，自海关发出“现场交单”或“放行交单”信息之日起(　　)日内，持打印的纸质报关单，备齐规定的随附单证并签名盖章，到货物所在地海关提交书面单证，办理相关海关手续。

A. 7　　B. 10　　C. 14　　D. 15

4. 某公司于7月2日以电子数据报关单形式向海关申报，经检查被计算机退回后。7月5日该公司按要求修改后重新申报，并于当日被海关计算机系统接受。该笔业务的申报日期为(　　)。

A. 7月2日　　B. 7月3日　　C. 7月4日　　D. 7月5日

5. 某公司于7月2日以电子数据报关单形式向海关申报，被海关计算机系统接受。但在7月3日经海关人工审核后发现需要修改申报数据。7月5日该公司按要求修改后重新申报，7月6日海关人工审核后接受申报数据。该笔业务的申报日期为(　　)。

A. 7月2日　　B. 7月3日　　C. 7月5日　　D. 7月6日

6. 下列关于申报前看货取样的规定中，错误的是(　　)。

A. 进口货物的收货人经海关同意，可以在申报前查看货物或者提取货样

B. 需要依法检验的货物，应当在检验合格后提取货样

C. 如果货物进境已有走私违法嫌疑并被海关发现，海关将不同意看货取样

D. 由于收货人未看货取样而导致商品归类申报错误，收货人不承担申报不符的责任

7. 以下不属于一般进出口货物的特征的是(　　)。

A. 如果是限制进出口的货物，进出口时则要提交相关的许可证件

B. 在进出境环节要缴纳进出口税费

C. 报关程序分为前期阶段、进出境阶段、后续阶段

D. 海关放行即办结海关手续

8. 传送速度快，不受海关参数设置的限制，但终端数据受海关主机容量的限制，且受场地限制的报关方式为(　　)。

A. 终端申报方式　　B. 委托EDI申报方式

C. 自行 EDI 申报方式　　　　　　　　D. 网上申报方式

9. 进出口货物的收发货人或其代理人在收到海关的查验通知后，应当(　　)。

A. 与海关的查验部门确定查验的具体地点和具体时间

B. 派人到查验现场配合海关查验

C. 若发现被查验货物有损坏的，向海关提出赔偿要求

D. 如实回答查验人员的询问及提供必要的资料

10. 进口货物因收货人自装载货物的运输工具申报进境之日起超过(　　)仍未向海关申报的，货物由海关依《海关法》规定提取作变卖处理。

A. 14 日　　　　B. 1 个月　　　　C. 3 个月　　　　D. 6 个月

11. 采用纸质手册管理的保税加工货物，在办理合同备案阶段步骤正确的是(　　)。

A. 合同内容预录入—海关审核—审批合同—领取加工贸易登记手册

B. 审批合同—合同内容预录入—海关审核—领取加工贸易登记手册

C. 审批合同—海关审核—合同内容预录入—领取加工贸易登记手册

D. 领取加工贸易登记手册—合同内容预录入—海关审核—审批合同

12. 北京某企业实行海关 A 类管理，由境外免费提供 18000 美元的非合金钢(加工贸易限制类商品)用于餐具加工贸易，该批非合金钢合同备案的手续应当(　　)。

A. 不转，申领《登记手册》　　　　B. 不转，不申领《登记手册》

C. 半实转，申领《登记手册》　　　D. 空转，申领《登记手册》

13.(单选)某企业购进生产原料一批，其中 80%的加工产品直接返销境外，20%加工产品结转给另一关区其他加工贸易企业继续加工后返销境外。那么某企业将 20%加工产品结转给另一关区其他加工贸易企业继续加工后返销的做法，在海关管理中，称为(　　)。

A. 跨关区异地加工　　　　B. 深加工结转

C. 跨关区委托加工　　　　D. 外发加工

14.(单选)加工贸易企业从事加工出口业务中，因不可抗力原因造成损毁导致无法复出口的进口料件加工制成品内销，应当(　　)。

A. 按受灾货物免税，免纳缓税利息，免予交验许可证件

B. 按原进口货物纳税，缴纳缓税利息，交验相应的许可证件

C. 按受灾货物纳税，缴纳缓税利息，免予交验许可证件

D. 按原进口货物纳税，免纳缓税利息，交验相应的许可证件

15. 加工贸易联网监管是海关对加工贸易保税货物实施监管的一项创新举措，关于实现加工贸易联网监管的加工贸易保税货物的海关手续具有的特点，下列说法错误的是(　　)。

A. 建立电子登记账册，取代加工贸易纸质登记手册

B. 根据实际需要办理进出口货物的备案手续，取代货物进出口报关单的填制和申报

C. 不实行银行保证金台账制度

D. 电子账册备案的料件全额保税

16. 某服装加工厂与外商签订了一份加工服装合同，该厂报关员到海关办理该批合同的备案手续，应向海关提交下列哪些单证？(　　)

A. 加工贸易业务批准证

B. 加工贸易合同副本

C. 加工贸易登记手册

D. 加工贸易企业经营状况和生产能力证明

17. 按照现行海关规定，下列哪些货物可允许存入保税仓库？（　　）

A. 由境内有经营权的外贸企业购买进口的进料加工业务备用料件

B. 供应国际航行船舶的燃料和维修用零配件

C. 以寄售方式进口，用于进口机电产品维修业务的维修零配件

D. 转口港澳的烟酒

18. 电子化手册管理具有以下哪些特点？（　　）

A. 以“企业整体加工贸易业务”为单元实施对保税加工货物的监管

B. 以“企业的单个加工合同”为单元实施对保税加工货物的监管

C. 管理原则是“一次审批、分段备案、滚动核销、控制周转、联网核查”

D. 便捷通关

19. 开展异地加工贸易业务，经营企业须向所在地主管海关提出申请，填制“异地加工贸易申请表”，并提供(　　)。

A. 经营企业所在地商务主管部门出具的《加工贸易业务批准证》和《加工贸易加工企业生产能力证明》

B. 加工企业所在地商务主管部门出具的《加工贸易业务批准证》和《加工贸易加工企业生产能力证明》

C. 加工企业所在地商务主管部门出具的《加工贸易业务批准证》和经营企业所在地商务主管部门出具的《加工贸易加工企业生产能力证明》

D. 经营企业所在地商务主管部门出具的《加工贸易业务批准证》和加工企业所在地商务主管部门出具的《加工贸易加工生产能力证明》

20. 公司生产 A 型号的显示器外壳，每个显示器外壳中所含的 ABS 塑料粒子的重量为 1 千克，在生产过程中的工艺损耗率为 20%。该公司向海关申报 A 型号显示器的 ABS 塑料粒子单耗时，其单耗值应报为(　　)。

A. 0.80 千克/个　　B. 1.00 千克/个　　C. 1.20 千克/个　　D. 1.25 千克/个

21. 下列关于电子账册项下进出口货物报关单的修改、撤销的表述，正确的是(　　)。

A. 报关单经海关审核通过后，一律不得修改，必须进行撤销，不得重复使用

B. 待报关清单的报关单撤销后，报关清单一并撤销，不得重复使用

C. 报关单在放行前修改，内容不涉及报关单表体内容的，企业经海关同意可直接修改报关单

D. 报关单在放行前修改，内容涉及报关单表体内容的，企业必须撤销报关单重新申报

22. 下列关于海关专用监管场所或特殊监管区域保税物流货物存放时间，表述错误的是(　　)。

A. 保税仓库存放保税物流的时间是 1 年，可以申请延长，延长期最长 1 年

B. 出口监管仓库存放保税物流货物的时间是 1 年，可以申请延长，延长期最长 1 年

C. 保税物流中心存放保税物流货物的时间是1年，可以申请延长，延长期最长1年

D. 保税物流园区存放保税物流货物的时间是2年，可以申请延长，延长期最长1年

二、实务题

1. 某外商投资经营企业(非鼓励类项目，A类管理企业)使用其投资总额内资金进口设备数台。运载该货物的运输工具于4月5日(星期四)申报进境。收货人于4月19日向海关申报，申报进口的货物名称为“立式数控车床”(商品编码为8458.9100，适用进口关税税率为5%)。海关审单时对报报货物的编码有疑义，在4月23日实施查验时发现该批货物应为“立式加工中心”(商品编码为8457.1010，适用进口关税税率为9.7%)。因此，海关认为该企业“申报不实”，要求该企业修改该批货物的商品编码并重新申报，并对其进行了处罚。

问题：

收货人进口申报的最迟日期是哪一天？收货人的申报日期是哪天？有无滞报？

2. 东部某金属制品有限公司A(加工贸易B类管理企业)经批准从日本购进不锈钢材(进口自动许可证管理范围商品、加工贸易限制类商品)5吨，每吨价值1500美元，加工产品为手表表带。A公司在加工过程中，由于技术改进等原因节省进口保税无纺布若干。

问题：

(1) 下列关于A公司办理加工贸易合同备案的表述正确的是(　　)。

A. A公司在其所在地主管海关备案

B. 应设立加工贸易银行保证金台账，半实转

C. 备案时应向海关提交自动进口许可证

D. 应向海关提交“加工贸易外发加工申请表”

(2) A公司进口料件不锈钢材时，除进口货物报关单外，还应向海关提交(　　)。

A. 加工贸易手册　B. 自动进口许可证　C. 发票　D. 提单

(3) 剩余进口保税料件有哪些处理途径？

3. 上海苏琳进出口有限公司(A类企业)与杜勒公司签订进料(无纺布)加工生产无纺布连衣裙的合同，并委托黄岩求是旅游用品有限公司(B类企业)生产，成品回收后由上海苏琳进出口有限公司负责出口。又知，黄岩求是旅游用品有限公司是第一次从事加工贸易生产，

问题1：

当经营单位和加工单位的海关监管类别不一样时，以哪个管理类别为准？

问题2：

本案例属于异地加工贸易业务，经营单位应到哪个外贸主管部门审批加工贸易合同？

问题3：

由于黄岩企业是第一次从事加工贸易生产的企业，所以在向海关前期备案的时候应该提交哪些材料？

4. 美资A公司在我国境内投资1亿元建设煤焦油深加工项目(外商投资鼓励类项目)，经核准其进口的自用设备可以享受2000万元的减免税额度。2007年6月该公司办理了第一批价值600万的减免税设备进口(该设备监管年限为5年)。2009年6月，因特殊原因，经海

关批准 A 公司将该设备转让给同样享受减免税待遇的德资 B 公司。并由 B 公司向海关办理了有关的结转手续。

问题 1：在本题中 A 公司的减免税额度为(　　)，该套设备的海关监管年限为(　　)。

A. 2000 万元，5 年　　B. 1400 万元，5 年

C. 1400 万元，3 年　　C. 2000 万元，3 年

问题 2：东部地区 A 企业特定减免税进口飞机设备一套，经批准按折旧价格转让给同样享受特定减免税西部地区 B 企业，海关对 B 企业飞机制造设备的监管期限是(　　)。

A. 8 年　　B. 6 年　　C. 5 年　　D. 3 年

问题 3：特定减免税通关制度具有显著的管理特征，主要体现在以下哪几个方面？(　　)

A. 脱离特定使用范围，应按实际去向办理相应的报关和纳税手续

B. 在特定条件和规定范围内使用可减免进口税费

C. 原则上免予交验进出口许可证件

D. 货物进口验放后仍需受海关监管

问题 4：特定减免税进口货物的海关监管期限按照货物的种类各有不同，以下特定减免税货物的正确海关监管期限是(　　)。

A. 船舶，飞机，建材，8 年；机动车辆，6 年；其他货物，5 年

B. 船舶，飞机，8 年；机动车辆，6 年；其他货物，5 年

C. 船舶，飞机，建材，8 年；机动车辆，家用电器，6 年；其他货物，5 年

D. 船舶，飞机，8 年；机动车辆，6 年；其他货物，3 年

5. 大连海燕毛纺织进出口公司(中外合营企业)，为生产需要，在其投资额内，于 2012 年 1 月 21 自行从境外购进羊毛整理机 8 台，由大连联合报关有限公司行代为申报进口。在海关查验时，由于开箱工人不慎，将其中一台机器的导毛轨损坏。后该公司又于 2012 年 1 月 27 从同一供货商处购进羊毛条 20 吨，向海关申报。进口后该企业对此批货物将进行以下处理：其中 12 吨用于加工内销毛纱，5 吨用于加工毛纱后直接返销日本，其余 3 吨用于加工毛纱后，结转给上海纺织进出口公司继续加工成混纺面料，全部返销日本(上述两项加工已在海关办理了进料加工合同登记备案手续)。由于企业生产结构调整，该企业在完成上述全部加工后，将羊毛整理机 8 台卖给了浙江某内资企业。

问题 1：报关企业应当具备的条件有(　　)。

A. 具备境内企业法人资格

B. 企业注册资本不低于人民币 300 万元

C. 报关员人数不少于 5 人

D. 报关业务负责人具有 5 年以上报关工作经验

问题 2：羊毛整理机进口申报时应(　　)。

A. 提前办理减免税手续，凭《进出口货物征免税证明》及其他有关单证向海关申报。贸易方式填报为“合资合作设备”，免税进口

B. 贸易方式填报为“加工贸易设备”，征税进口

C. 提前办理加工贸易合同备案手续，凭《登记手册》及其他有关单证向海关申报。贸易方式填报为“进料加工”，保税进口

D. 贸易方式填报为“不作价设备”，免税进口

问题 3：上述羊毛整理机进口时，报关员电子申报时错将货物价格 198500.00 美元申报为 195800.00 美元，后被海关现场审单人员发现，此时应(　　)。

A. 经海关批准删除原电子申报数据，重新申报

B. 海关在纸制报关单上直接修改

C. 根据《中华人民共和国海关对报关员记分考核管理办法》的规定，对其记 1 分处理

D. 海关以纸制告知单的形式告知该报关员记分原因和分值

问题 4：羊毛条进口申报时应(　　)。

A. 贸易方式填报为“进料加工”，同时免税进口

B. 分别申报。其中 12 吨羊毛条贸易方式填报为“一般贸易”；另外 8 吨羊毛条贸易方式填报为“进料加工”

C. 分别申报。其中 12 吨羊毛条贸易方式填报为“一般贸易”；5 吨羊毛条贸易方式填报为“进料加工”；另外 3 吨羊毛条贸易方式填报为“进料非对口”

D. 分别申报。其中 5 吨羊毛条贸易方式填报为“一般贸易”；另外 5 吨羊毛条贸易方式填报为“进料加工”。

问题 5：将 3 吨羊毛条加工成毛纱后，结转给上海纺织进出口公司继续加工成混纺面料，全部返销日本的作法，在海关监管中被称为(　　)。

A. 跨关区异地加工　　B. 跨关区深加工结转

C. 跨关区委托加工　　D. 跨关区进料加工结转

问题 6：该企业在完成上述全部加工后，将羊毛整理机 8 台卖给辽宁某内资企业时，应当(　　)。

A. 事先向原审批进口的外经贸主管部门申请

B. 向海关折旧补税

C. 补交许可证件

D. 向海关申请获得解除监管证明书

问题 7：损坏导毛轨的羊毛整理机，应按(　　)处理。

A. 由海关赔偿直接经济损失

B. 海关与收货人平均分担责任

C. 海关监管仓库经理人与收货人协商解决赔偿办法

D. 属于不可抗力原因所致，不予赔偿

6. 天津 A 报关企业受北京 B 企业委托，向天津新港海关申报进口机械设备一批。该批设备向海关申报时，报关单经营单位栏填报 B 企业的名称及海关注册编码，贸易方式栏填报为“2225”，征免性质栏填报为“789”。经海关审核接受申报后，该批设备向海关缴纳保证金后获得海关放行。B 企业在规定的时间办结了担保销案手续。进口机械设备在使用两年后，经主管部门批准，缴纳相关进口税费后转售给国内另一企业。

问题 1：从题中已知条件判断，B 企业为(　　)。

A. 中外合资企业　　B. 中外合作企业

C. 外商独资企业　　D. 有进出口经营权的国有企业

问题 2：该批设备进口时，凭“保证金”获得海关放行是因为 B 企业(　　)。

A. 未能向海关提供报关注册登记资料

B. 未能向海关提供企业的减免税备案登记资料

C. 未能向海关提供企业的进出口货物征免税证明

D. 需要办理货物转关手续

问题 3：该批货物经海关放行后(　　)。

A. 已办结海关手续，放行后无须再受海关监管

B. 在担保承诺的义务得到履行后，其海关手续即已办结，无须接受海关后续监管

C. 在担保承诺的义务得到履行后，仍在海关规定的监管年限内，继续接受海关的监管

D. 在货物使用期结束并办理复出境及核销手续前，应继续受海关监管

问题 4：如 B 企业未能在担保期限内向海关办理销案手续，海关采取的措施有(　　)。

A. 海关应自担保期限届满 3 个工作日内办理保证金的扣缴入库手续，缴库后尚有结余的，按规定退还原当事人

B. 海关应自担保期限届满 30 个工作日内办理保证金的扣缴入库手续

C. 强制追回已放行的货物

D. 直接将保证金全额上缴国库

问题 5：对于经主管部门批准转售的设备，应按(　　)办理海关手续。

A. 由海关按使用时间折旧估价征税，并以此获取解除海关监管证明

B. 由海关按使用时间折旧估价征税，其完税价格应以海关审定的该设备进口时的价格扣除折旧部分价值来确定

C. 由海关按使用时间折旧估价征税，适用海关接受申报办理纳税手续之日实施的税率

D. 由海关按使用时间折旧估价征税后，由于设备原监管期限未满，海关继续实施监管

附录

附录包括：

中华人民共和国海关法

中华人民共和国海关行政处罚实施条例

推荐课外阅读

1. 中华人民共和国进出口关税条例
2. 中华人民共和国进出口货物原产地案例
3. 中华人民共和国知识产权海关保护案例
4. 2012 年报关员资格考试试题及答案(请登录 www. pup6. com 下载)

中华人民共和国海关法

（1987年1月22日第六届全国人民代表大会常务委员会第十九次会议通过
根据2000年7月8日第九届全国人民代表大会常务委员会第十六次会议
《关于修改〈中华人民共和国海关法〉的决定》修正）

目　录

第一章　总则

第一条　为了维护国家的主权和利益，加强海关监督管理，促进对外经济贸易和科技文化交往，保障社会主义现代化建设，特制定本法。

第二条　中华人民共和国海关是国家的进出关境(以下简称进出境)监督管理机关。海关依照本法和其他有关法律、行政法规，监管进出境的运输工具、货物、行李物品、邮递物品和其他物品(以下简称进出境运输工具、货物、物品)，征收关税和其他税、费，查缉走私，并编制海关统计和办理其他海关业务。

第三条　国务院设立海关总署，统一管理全国海关。

国家在对外开放的口岸和海关监管业务集中的地点设立海关。海关的隶属关系，不受行政区划的限制。

海关依法独立行使职权，向海关总署负责。

第四条　国家在海关总署设立专门侦查走私犯罪的公安机构，配备专职缉私警察，负责对其管辖的走私犯罪案件的侦查、拘留、执行逮捕、预审。

海关侦查走私犯罪公安机构履行侦查、拘留、执行逮捕、预审职责，应当按照《中华人民共和国刑事诉讼法》的规定办理。

海关侦查走私犯罪公安机构根据国家有关规定，可以设立分支机构。各分支机构办理其管辖的走私犯罪案件，应当依法向有管辖权的人民检察院移送起诉。

地方各级公安机关应当配合海关侦查走私犯罪公安机构依法履行职责。

第五条　国家实行联合缉私、统一处理、综合治理的缉私体制。海关负责组织、协调、管理查缉走私工作。有关规定由国务院另行制定。

各有关行政执法部门查获的走私案件，应当给予行政处罚的，移送海关依法处理；涉嫌犯罪的，应当移送海关侦查走私犯罪公安机构、地方公安机关依据案件管辖分工和法定程序办理。

第六条　海关可以行使下列权力：

（一）检查进出境运输工具，查验进出境货物、物品；对违反本法或者其他有关法律、行政法规的，可以扣留。

（二）查阅进出境人员的证件；查问违反本法或者其他有关法律、行政法规的嫌疑人，调查其违法行为。

（三）查阅、复制与进出境运输工具、货物、物品有关的合同、发票、帐册、单据、记录、文件、业务函电、录音录像制品和其他资料；对其中与违反本法或者其他有关法律、行政法规的进出境运输工具、货物、物品有牵连的，可以扣留。

（四）在海关监管区和海关附近沿海沿边规定地区，检查有走私嫌疑的运输工具和有藏匿走私货物、物品嫌疑的场所，检查走私嫌疑人的身体；对有走私嫌疑的运输工具、货物、物品和走私犯罪嫌疑人，经直属海关关长或者其授权的隶属海关关长批准，可以扣留；对走私犯罪嫌疑人，扣留时间不超过二十四小时，在特殊情况下可以延长至四十八小时。

在海关监管区和海关附近沿海沿边规定地区以外，海关在调查走私案件时，对有走私嫌疑的运输工具和除公民住处以外的有藏匿走私货物、物品嫌疑的场所，经直属海关关长或者其授权的隶属海关关长批准，可以进行检查，有关当事人应当到场；当事人未到场的，在有见证人在场的情况下，可以径行检查；对其中有证据证明有走私嫌疑的运输工具、货物、物品，可以扣留。

海关附近沿海沿边规定地区的范围，由海关总署和国务院公安部门会同有关省级人民政府确定。

（五）在调查走私案件时，经直属海关关长或者其授权的隶属海关关长批准，可以查询案件涉嫌单位和涉嫌人员在金融机构、邮政企业的存款、汇款。

（六）进出境运输工具或者个人违抗海关监管逃逸的，海关可以连续追至海关监管区和海关附近沿海沿边规定地区以外，将其带回处理。

（七）海关为履行职责，可以配备武器。海关工作人员佩带和使用武器的规则，由海关总署会同国务院公安部门制定，报国务院批准。

（八）法律、行政法规规定由海关行使的其他权力。

第七条　各地方、各部门应当支持海关依法行使职权，不得非法干预海关的执法活动。

第八条　进出境运输工具、货物、物品，必须通过设立海关的地点进境或者出境。在特殊情况下，需要经过未设立海关的地点临时进境或者出境的，必须经国务院或者国务院授权的机关批准，并依照本法规定办理海关手续。

第九条　进出口货物，除另有规定的外，可以由进出口货物收发货人自行办理报关纳税手续，也可以由进出口货物收发货人委托海关准予注册登记的报关企业办理报关纳税手续。

进出境物品的所有人可以自行办理报关纳税手续，也可以委托他人办理报关纳税手续。

第十条　报关企业接受进出口货物收发货人的委托，以委托人的名义办理报关手续的，应当向海关提交由委托人签署的授权委托书，遵守本法对委托人的各项规定。

报关企业接受进出口货物收发货人的委托，以自己的名义办理报关手续的，应当承担与收发货人相同的法律责任。

委托人委托报关企业办理报关手续的，应当向报关企业提供所委托报关事项的真实情况；报关企业接受委托人的委托办理报关手续的，应当对委托人所提供情况的真实性进行合理审查。

第十一条　进出口货物收发货人、报关企业办理报关手续，必须依法经海关注册登记。报关人员必须依法取得报关从业资格。未依法经海关注册登记的企业和未依法取得报关从业资格的人员，不得从事报关业务。

报关企业和报关人员不得非法代理他人报关，或者超出其业务范围进行报关活动。

第十二条　海关依法执行职务，有关单位和个人应当如实回答询问，并予以配合，任何单位和个人不得阻挠。

海关执行职务受到暴力抗拒时，执行有关任务的公安机关和人民武装警察部队应当予以协助。

第十三条　海关建立对违反本法规定逃避海关监管行为的举报制度。

任何单位和个人均有权对违反本法规定逃避海关监管的行为进行举报。

海关对举报或者协助查获违反本法案件的有功单位和个人，应当给予精神的或者物质的奖励。

海关应当为举报人保密。

第二章　进出境运输工具

第十四条　进出境运输工具到达或者驶离设立海关的地点时，运输工具负责人应当向海关如实申报，交验单证，并接受海关监管和检查。

停留在设立海关的地点的进出境运输工具，未经海关同意，不得擅自驶离。

进出境运输工具从一个设立海关的地点驶往另一个设立海关的地点的，应当符合海关监管要求，办理海关手续，未办结海关手续的，不得改驶境外。

第十五条　进境运输工具在进境以后向海关申报以前，出境运输工具在办结海关手续以后出境以前，应当按照交通主管机关规定的路线行进；交通主管机关没有规定的，由海关指定。

第十六条　进出境船舶、火车、航空器到达和驶离时间、停留地点、停留期间更换地点以及装卸货物、物品时间，运输工具负责人或者有关交通运输部门应当事先通知海关。

第十七条　运输工具装卸进出境货物、物品或者上下进出境旅客，应当接受海关监管。

货物、物品装卸完毕，运输工具负责人应当向海关递交反映实际装卸情况的交接单据和记录。

上下进出境运输工具的人员携带物品的，应当向海关如实申报，并接受海关检查。

第十八条　海关检查进出境运输工具时，运输工具负责人应当到场，并根据海关的要求开启舱室、房间、车门；有走私嫌疑的，并应当开拆可能藏匿走私货物、物品的部位，搬移货物、物料。

海关根据工作需要，可以派员随运输工具执行职务，运输工具负责人应当提供方便。

第十九条　进境的境外运输工具和出境的境内运输工具，未向海关办理手续并缴纳关税，不得转让或者移作他用。

第二十条　进出境船舶和航空器兼营境内客、货运输，需经海关同意，并应当符合海关监管要求。

进出境运输工具改营境内运输，需向海关办理手续。

第二十一条　沿海运输船舶、渔船和从事海上作业的特种船舶，未经海关同意，不得载运或者换取、买卖、转让进出境货物、物品。

第二十二条　进出境船舶和航空器，由于不可抗力的原因，被迫在未设立海关的地点停泊、降落或者抛掷、起卸货物、物品，运输工具负责人应当立即报告附近海关。

第三章　进出境货物

第二十三条　进口货物自进境起到办结海关手续止，出口货物自向海关申报起到出境止，过境、转运和通运货物自进境起到出境止，应当接受海关监管。

第二十四条　进口货物的收货人、出口货物的发货人应当向海关如实申报，交验进出口许可证件和有关单证。国家限制进出口的货物，没有进出口许可证件的，不予放行，具体处理办法由国务院规定。

进口货物的收货人应当自运输工具申报进境之日起十四日内，出口货物的发货人除海关特准的外应当在货物运抵海关监管区后、装货的二十四小时以前，向海关申报。

进口货物的收货人超过前款规定期限向海关申报的，由海关征收滞报金。

第二十五条　办理进出口货物的海关申报手续，应当采用纸质报关单和电子数据报关单的形式。

第二十六条　海关接受申报后，报关单证及其内容不得修改或者撤销；确有正当理由的，经海关同意，方可修改或者撤销。

第二十七条　进口货物的收货人经海关同意，可以在申报前查看货物或者提取货样。需要依法检疫的货物，应当在检疫合格后提取货样。

第二十八条　进出口货物应当接受海关查验。海关查验货物时，进口货物的收货人、出口货物的发货人应当到场，并负责搬移货物，开拆和重封货物的包装。海关认为必要时，可以径行开验、复验或者提取货样。

经收发货人申请，海关总署批准，其进出口货物可以免验。

第二十九条　除海关特准的外，进出口货物在收发货人缴清税款或者提供担保后，由海关签印放行。

第三十条　进口货物的收货人自运输工具申报进境之日起超过三个月未向海关申报的，

其进口货物由海关提取依法变卖处理，所得价款在扣除运输、装卸、储存等费用和税款后，尚有余款的，自货物依法变卖之日起一年内，经收货人申请，予以发还；其中属于国家对进口有限制性规定，应当提交许可证件而不能提供的，不予发还。逾期无人申请或者不予发还的，上缴国库。

确属误卸或者溢卸的进境货物，经海关审定，由原运输工具负责人或者货物的收发货人自该运输工具卸货之日起三个月内，办理退运或者进口手续；必要时，经海关批准，可以延期三个月。逾期未办手续的，由海关按前款规定处理。

前两款所列货物不宜长期保存的，海关可以根据实际情况提前处理。

收货人或者货物所有人声明放弃的进口货物，由海关提取依法变卖处理；所得价款在扣除运输、装卸、储存等费用后，上缴国库。

第三十一条　经海关批准暂时进口或者暂时出口的货物，应当在六个月内复运出境或者复运进境；在特殊情况下，经海关同意，可以延期。

第三十二条　经营保税货物的储存、加工、装配、展示、运输、寄售业务和经营免税商店，应当符合海关监管要求，经海关批准，并办理注册手续。

保税货物的转让、转移以及进出保税场所，应当向海关办理有关手续，接受海关监管和查验。

第三十三条　企业从事加工贸易，应当持有关批准文件和加工贸易合同向海关备案，加工贸易制成品单位耗料量由海关按照有关规定核定。

加工贸易制成品应当在规定的期限内复出口。其中使用的进口料件，属于国家规定准予保税的，应当向海关办理核销手续；属于先征收税款的，依法向海关办理退税手续。

加工贸易保税进口料件或者制成品因故转为内销的，海关凭准予内销的批准文件，对保税的进口料件依法征税；属于国家对进口有限制性规定的，还应当向海关提交进口许可证件。

第三十四条　经国务院批准在中华人民共和国境内设立的保税区等海关特殊监管区域，由海关按照国家有关规定实施监管。

第三十五条　进口货物应当由收货人在货物的进境地海关办理海关手续，出口货物应当由发货人在货物的出境地海关办理海关手续。

经收发货人申请，海关同意，进口货物的收货人可以在设有海关的指运地、出口货物的发货人可以在设有海关的启运地办理海关手续。上述货物的转关运输，应当符合海关监管要求；必要时，海关可以派员押运。

经电缆、管道或者其他特殊方式输送进出境的货物，经营单位应当定期向指定的海关申报和办理海关手续。

第三十六条　过境、转运和通运货物，运输工具负责人应当向进境地海关如实申报，并应当在规定期限内运输出境。

海关认为必要时，可以查验过境、转运和通运货物。

第三十七条　海关监管货物，未经海关许可，不得开拆、提取、交付、发运、调换、改装、抵押、质押、留置、转让、更换标记、移作他用或者进行其他处置。

海关加施的封志，任何人不得擅自开启或者损毁。

人民法院判决、裁定或者有关行政执法部门决定处理海关监管货物的，应当责令当事人办结海关手续。

第三十八条　经营海关监管货物仓储业务的企业，应当经海关注册，并按照海关规定，办理收存、交付手续。

在海关监管区外存放海关监管货物，应当经海关同意，并接受海关监管。

违反前两款规定或者在保管海关监管货物期间造成海关监管货物损毁或者灭失的，除不可抗力外，对海关监管货物负有保管义务的人应当承担相应的纳税义务和法律责任。

第三十九条　进出境集装箱的监管办法、打捞进出境货物和沉船的监管办法、边境小额贸易进出口货物的监管办法，以及本法未具体列明的其他进出境货物的监管办法，由海关总署或者由海关总署会同国务院有关部门另行制定。

第四十条　国家对进出境货物、物品有禁止性或者限制性规定的，海关依据法律、行政法规、国务院的规定或者国务院有关部门依据法律、行政法规的授权作出的规定实施监管。具体监管办法由海关总署制定。

第四十一条　进出口货物的原产地按照国家有关原产地规则的规定确定。

第四十二条　进出口货物的商品归类按照国家有关商品归类的规定确定。

海关可以要求进出口货物的收发货人提供确定商品归类所需的有关资料；必要时，海关可以组织化验、检验，并将海关认定的化验、检验结果作为商品归类的依据。

第四十三条　海关可以根据对外贸易经营者提出的书面申请，对拟作进口或者出口的货物预先作出商品归类等行政裁定。

进口或者出口相同货物，应当适用相同的商品归类行政裁定。

海关对所作出的商品归类等行政裁定，应当予以公布。

第四十四条　海关依照法律、行政法规的规定，对与进出境货物有关的知识产权实施保护。

需要向海关申报知识产权状况的，进出口货物收发货人及其代理人应当按照国家规定向海关如实申报有关知识产权状况，并提交合法使用有关知识产权的证明文件。

第四十五条　自进出口货物放行之日起三年内或者在保税货物、减免税进口货物的海关监管期限内及其后的三年内，海关可以对与进出口货物直接有关的企业、单位的会计帐簿、会计凭证、报关单证以及其他有关资料和有关进出口货物实施稽查。具体办法由国务院规定。

第四章　进出境物品

第四十六条　个人携带进出境的行李物品、邮寄进出境的物品，应当以自用、合理数量为限，并接受海关监管。

第四十七条　进出境物品的所有人应当向海关如实申报，并接受海关查验。

海关加施的封志，任何人不得擅自开启或者损毁。

第四十八条　进出境邮袋的装卸、转运和过境，应当接受海关监管。邮政企业应当向海关递交邮件路单。

邮政企业应当将开拆及封发国际邮袋的时间事先通知海关，海关应当按时派员到场监管查验。

第四十九条　邮运进出境的物品，经海关查验放行后，有关经营单位方可投递或者交付。

第五十条　经海关登记准予暂时免税进境或者暂时免税出境的物品，应当由本人复带出境或者复带进境。

过境人员未经海关批准，不得将其所带物品留在境内。

第五十一条　进出境物品所有人声明放弃的物品、在海关规定期限内未办理海关手续或者无人认领的物品，以及无法投递又无法退回的进境邮递物品，由海关依照本法第三十条的规定处理。

第五十二条　享有外交特权和豁免的外国机构或者人员的公务用品或者自用物品进出境，依照有关法律、行政法规的规定办理。

第五章　关税

第五十三条　准许进出口的货物、进出境物品，由海关依法征收关税。

第五十四条　进口货物的收货人、出口货物的发货人、进出境物品的所有人，是关税的纳税义务人。

第五十五条　进出口货物的完税价格，由海关以该货物的成交价格为基础审查确定。成交价格不能确定时，完税价格由海关依法估定。

进口货物的完税价格包括货物的货价、货物运抵中华人民共和国境内输入地点起卸前的运输及其相关费用、保险费；出口货物的完税价格包括货物的货价、货物运至中华人民共和国境内输出地点装载前的运输及其相关费用、保险费，但是其中包含的出口关税税额，应当予以扣除。

进出境物品的完税价格，由海关依法确定。

第五十六条　下列进出口货物、进出境物品，减征或者免征关税：

（一）无商业价值的广告品和货样；

（二）外国政府、国际组织无偿赠送的物资；

（三）在海关放行前遭受损坏或者损失的货物；

（四）规定数额以内的物品；

（五）法律规定减征、免征关税的其他货物、物品；

（六）中华人民共和国缔结或者参加的国际条约规定减征、免征关税的货物、物品。

第五十七条　特定地区、特定企业或者有特定用途的进出口货物，可以减征或者免征关税。特定减税或者免税的范围和办法由国务院规定。

依照前款规定减征或者免征关税进口的货物，只能用于特定地区、特定企业或者特定用途，未经海关核准并补缴关税，不得移作他用。

第五十八条　本法第五十六条、第五十七条第一款规定范围以外的临时减征或者免征关税，由国务院决定。

第五十九条　经海关批准暂时进口或者暂时出口的货物，以及特准进口的保税货物，在货物收发货人向海关缴纳相当于税款的保证金或者提供担保后，准予暂时免纳关税。

第六十条　进出口货物的纳税义务人，应当自海关填发税款缴款书之日起十五日内缴纳税款；逾期缴纳的，由海关征收滞纳金。纳税义务人、担保人超过三个月仍未缴纳的，经直属海关关长或者其授权的隶属海关关长批准，海关可以采取下列强制措施：

（一）书面通知其开户银行或者其他金融机构从其存款中扣缴税款；

（二）将应税货物依法变卖，以变卖所得抵缴税款；

（三）扣留并依法变卖其价值相当于应纳税款的货物或者其他财产，以变卖所得抵缴税款。

海关采取强制措施时，对前款所列纳税义务人、担保人未缴纳的滞纳金同时强制执行。

进出境物品的纳税义务人，应当在物品放行前缴纳税款。

第六十一条　进出口货物的纳税义务人在规定的纳税期限内有明显的转移、藏匿其应税货物以及其他财产迹象的，海关可以责令纳税义务人提供担保；纳税义务人不能提供纳税担保的，经直属海关关长或者其授权的隶属海关关长批准，海关可以采取下列税收保全措施：

（一）书面通知纳税义务人开户银行或者其他金融机构暂停支付纳税义务人相当于应纳税款的存款；

（二）扣留纳税义务人价值相当于应纳税款的货物或者其他财产。

纳税义务人在规定的纳税期限内缴纳税款的，海关必须立即解除税收保全措施；期限届满仍未缴纳税款的，经直属海关关长或者其授权的隶属海关关长批准，海关可以书面通知纳税义务人开户银行或者其他金融机构从其暂停支付的存款中扣缴税款，或者依法变卖所扣留的货物或者其他财产，以变卖所得抵缴税款。

采取税收保全措施不当，或者纳税义务人在规定期限内已缴纳税款，海关未立即解除税收保全措施，致使纳税义务人的合法权益受到损失的，海关应当依法承担赔偿责任。

第六十二条　进出口货物、进出境物品放行后，海关发现少征或者漏征税款，应当自缴纳税款或者货物、物品放行之日起一年内，向纳税义务人补征。因纳税义务人违反规定而造成的少征或者漏征，海关在三年以内可以追征。

第六十三条　海关多征的税款，海关发现后应当立即退还；纳税义务人自缴纳税款之日起一年内，可以要求海关退还。

第六十四条　纳税义务人同海关发生纳税争议时，应当缴纳税款，并可以依法申请行政复议；对复议决定仍不服的，可以依法向人民法院提起诉讼。

第六十五条　进口环节海关代征税的征收管理，适用关税征收管理的规定。

第六章　海关事务担保

第六十六条　在确定货物的商品归类、估价和提供有效报关单证或者办结其他海关手续前，收发货人要求放行货物的，海关应当在其提供与其依法应当履行的法律义务相适应的担保后放行。法律、行政法规规定可以免除担保的除外。

法律、行政法规对履行海关义务的担保另有规定的，从其规定。

国家对进出境货物、物品有限制性规定，应当提供许可证件而不能提供的，以及法律、行政法规规定不得担保的其他情形，海关不得办理担保放行。

第六十七条　具有履行海关事务担保能力的法人、其他组织或者公民，可以成为担保人。法律规定不得为担保人的除外。

第六十八条　担保人可以以下列财产、权利提供担保：

（一）人民币、可自由兑换货币；

（二）汇票、本票、支票、债券、存单；

（三）银行或者非银行金融机构的保函；

（四）海关依法认可的其他财产、权利。

第六十九条　担保人应当在担保期限内承担担保责任。担保人履行担保责任的，不免除被担保人应当办理有关海关手续的义务。

第七十条　海关事务担保管理办法，由国务院规定。

第七章　执法监督

第七十一条　海关履行职责，必须遵守法律，维护国家利益，依照法定职权和法定程序严格执法，接受监督。

第七十二条　海关工作人员必须秉公执法，廉洁自律，忠于职守，文明服务，不得有下列行为：

（一）包庇、纵容走私或者与他人串通进行走私；

（二）非法限制他人人身自由，非法检查他人身体、住所或者场所，非法检查、扣留进出境运输工具、货物、物品；

（三）利用职权为自己或者他人谋取私利；

（四）索取、收受贿赂；

（五）泄露国家秘密、商业秘密和海关工作秘密；

（六）滥用职权，故意刁难，拖延监管、查验；

（七）购买、私分、占用没收的走私货物、物品；

（八）参与或者变相参与营利性经营活动；

（九）违反法定程序或者超越权限执行职务；

（十）其他违法行为。

第七十三条　海关应当根据依法履行职责的需要，加强队伍建设，使海关工作人员具有良好的政治、业务素质。

海关专业人员应当具有法律和相关专业知识，符合海关规定的专业岗位任职要求。

海关招收工作人员应当按照国家规定，公开考试，严格考核，择优录用。

海关应当有计划地对其工作人员进行政治思想、法制、海关业务培训和考核。海关工作人员必须定期接受培训和考核，经考核不合格的，不得继续上岗执行职务。

第七十四条　海关总署应当实行海关关长定期交流制度。

海关关长定期向上一级海关述职，如实陈述其执行职务情况。海关总署应当定期对直属海关关长进行考核，直属海关应当定期对隶属海关关长进行考核。

第七十五条　海关及其工作人员的行政执法活动，依法接受监察机关的监督；缉私警察进行侦查活动，依法接受人民检察院的监督。

第七十六条　审计机关依法对海关的财政收支进行审计监督，对海关办理的与国家财政收支有关的事项，有权进行专项审计调查。

第七十七条　上级海关应当对下级海关的执法活动依法进行监督。上级海关认为下级海关作出的处理或者决定不适当的，可以依法予以变更或者撤销。

第七十八条　海关应当依照本法和其他有关法律、行政法规的规定，建立健全内部监督制度，对其工作人员执行法律、行政法规和遵守纪律的情况，进行监督检查。

第七十九条　海关内部负责审单、查验、放行、稽查和调查等主要岗位的职责权限应当明确，并相互分离、相互制约。

第八十条　任何单位和个人均有权对海关及其工作人员的违法、违纪行为进行控告、检举。收到控告、检举的机关有权处理的，应当依法按照职责分工及时查处。收到控告、检举的机关和负责查处的机关应当为控告人、检举人保密。

第八十一条　海关工作人员在调查处理违法案件时，遇有下列情形之一的，应当回避：

（一）是本案的当事人或者是当事人的近亲属；

（二）本人或者其近亲属与本案有利害关系；

（三）与本案当事人有其他关系，可能影响案件公正处理的。

第八章　法律责任

第八十二条　违反本法及有关法律、行政法规，逃避海关监管，偷逃应纳税款、逃避国家有关进出境的禁止性或者限制性管理，有下列情形之一的，是走私行为：

（一）运输、携带、邮寄国家禁止或者限制进出境货物、物品或者依法应当缴纳税款的货物、物品进出境的；

（二）未经海关许可并且未缴纳应纳税款、交验有关许可证件，擅自将保税货物、特定减免税货物以及其他海关监管货物、物品、进境的境外运输工具，在境内销售的；

（三）有逃避海关监管，构成走私的其他行为的。

有前款所列行为之一，尚不构成犯罪的，由海关没收走私货物、物品及违法所得，可以并处罚款；专门或者多次用于掩护走私的货物、物品，专门或者多次用于走私的运输工具，予以没收，藏匿走私货物、物品的特制设备，责令拆毁或者没收。

有第一款所列行为之一，构成犯罪的，依法追究刑事责任。

第八十三条　有下列行为之一的，按走私行为论处，依照本法第八十二条的规定处罚：

（一）直接向走私人非法收购走私进口的货物、物品的；

（二）在内海、领海、界河、界湖，船舶及所载人员运输、收购、贩卖国家禁止或者限制进出境的货物、物品，或者运输、收购、贩卖依法应当缴纳税款的货物，没有合法证明的。

第八十四条　伪造、变造、买卖海关单证，与走私人通谋为走私人提供贷款、资金、帐号、发票、证明、海关单证，与走私人通谋为走私人提供运输、保管、邮寄或者其他方便，构成犯罪的，依法追究刑事责任；尚不构成犯罪的，由海关没收违法所得，并处罚款。

第八十五条　个人携带、邮寄超过合理数量的自用物品进出境，未依法向海关申报的，责令补缴关税，可以处以罚款。

第八十六条　违反本法规定有下列行为之一的，可以处以罚款，有违法所得的，没收违法所得：

（一）运输工具不经设立海关的地点进出境的；

（二）不将进出境运输工具到达的时间、停留的地点或者更换的地点通知海关的；

（三）进出口货物、物品或者过境、转运、通运货物向海关申报不实的；

（四）不按照规定接受海关对进出境运输工具、货物、物品进行检查、查验的；

（五）进出境运输工具未经海关同意，擅自装卸进出境货物、物品或者上下进出境旅客的；

（六）在设立海关的地点停留的进出境运输工具未经海关同意，擅自驶离的；

（七）进出境运输工具从一个设立海关的地点驶往另一个设立海关的地点，尚未办结海关手续又未经海关批准，中途擅自改驶境外或者境内未设立海关的地点的；

（八）进出境运输工具，未经海关同意，擅自兼营或者改营境内运输的；

（九）由于不可抗力的原因，进出境船舶和航空器被迫在未设立海关的地点停泊、降落或者在境内抛掷、起卸货物、物品，无正当理由，不向附近海关报告的；

（十）未经海关许可，擅自将海关监管货物开拆、提取、交付、发运、调换、改装、抵押、质押、留置、转让、更换标记、移作他用或者进行其他处置的；

（十一）擅自开启或者损毁海关封志的；

（十二）经营海关监管货物的运输、储存、加工等业务，有关货物灭失或者有关记录不真实，不能提供正当理由的；

（十三）有违反海关监管规定的其他行为的。

第八十七条　海关准予从事有关业务的企业，违反本法有关规定的，由海关责令改正，可以给予警告，暂停其从事有关业务，直至撤销注册。

第八十八条　未经海关注册登记和未取得报关从业资格从事报关业务的，由海关予以取缔，没收违法所得，可以并处罚款。

第八十九条　报关企业、报关人员非法代理他人报关或者超出其业务范围进行报关活动的，由海关责令改正，处以罚款，暂停其执业；情节严重的，撤销其报关注册登记、取消其报关从业资格。

第九十条　进出口货物收发货人、报关企业、报关人员向海关工作人员行贿的，由海关撤销其报关注册登记，取消其报关从业资格，并处以罚款；构成犯罪的，依法追究刑事责任，并不得重新注册登记为报关企业和取得报关从业资格证书。

第九十一条　违反本法规定进出口侵犯中华人民共和国法律、行政法规保护的知识产权的货物的，由海关依法没收侵权货物，并处以罚款；构成犯罪的，依法追究刑事责任。

第九十二条　海关依法扣留的货物、物品、运输工具，在人民法院判决或者海关处罚决定作出之前，不得处理。但是，危险品或者鲜活、易腐、易失效等不宜长期保存的货物、物品以及所有人申请先行变卖的货物、物品、运输工具，经直属海关关长或者其授权的隶属海关关长批准，可以先行依法变卖，变卖所得价款由海关保存，并通知其所有人。

人民法院判决没收或者海关决定没收的走私货物、物品、违法所得、走私运输工具、特制设备，由海关依法统一处理，所得价款和海关决定处以的罚款，全部上缴中央国库。

第九十三条　当事人逾期不履行海关的处罚决定又不申请复议或者向人民法院提起诉讼的，作出处罚决定的海关可以将其保证金抵缴或者将其被扣留的货物、物品、运输工具依法变价抵缴，也可以申请人民法院强制执行。

第九十四条　海关在查验进出境货物、物品时，损坏被查验的货物、物品的，应当赔偿实际损失。

第九十五条　海关违法扣留货物、物品、运输工具，致使当事人的合法权益受到损失的，应当依法承担赔偿责任。

第九十六条　海关工作人员有本法第七十二条所列行为之一的，依法给予行政处分；有违法所得的，依法没收违法所得；构成犯罪的，依法追究刑事责任。

第九十七条　海关的财政收支违反法律、行政法规规定的，由审计机关以及有关部门依照法律、行政法规的规定作出处理；对直接负责的主管人员和其他直接责任人员，依法给予行政处分；构成犯罪的，依法追究刑事责任。

第九十八条　未按照本法规定为控告人、检举人、举报人保密的，对直接负责的主管人员和其他直接责任人员，由所在单位或者有关单位依法给予行政处分。

第九十九条　海关工作人员在调查处理违法案件时，未按照本法规定进行回避的，对直接负责的主管人员和其他直接责任人员，依法给予行政处分。

第九章　附则

第一百条本法下列用语的含义：

直属海关，是指直接由海关总署领导，负责管理一定区域范围内的海关业务的海关；隶属海关，是指由直属海关领导，负责办理具体海关业务的海关。

进出境运输工具，是指用以载运人员、货物、物品进出境的各种船舶、车辆、航空器和驮畜。

过境、转运和通运货物，是指由境外启运、通过中国境内继续运往境外的货物。其中，通过境内陆路运输的，称过境货物；在境内设立海关的地点换装运输工具，而不通过境内陆路运输的，称转运货物；由船舶、航空器载运进境并由原装运输工具载运出境的，称通运货物。

海关监管货物，是指本法第二十三条所列的进出口货物，过境、转运、通运货物，特定减免税货物，以及暂时进出口货物、保税货物和其他尚未办结海关手续的进出境货物。

保税货物，是指经海关批准未办理纳税手续进境，在境内储存、加工、装配后复运出境的货物。

海关监管区，是指设立海关的港口、车站、机场、国界孔道、国际邮件互换局(交换站)和其他有海关监管业务的场所，以及虽未设立海关，但是经国务院批准的进出境地点。

第一百零一条　经济特区等特定地区同境内其他地区之间往来的运输工具、货物、物品的监管办法，由国务院另行规定。

第一百零二条　本法自1987年7月1日起施行。1951年4月18日中央人民政府公布的《中华人民共和国暂行海关法》同时废止。

中华人民共和国海关行政处罚实施条例

（2004年9月1日国务院第62次常务会议通过
2004年9月19日国务院令第420号公布
自2004年11月1日起施行）

第一章　总　　则

第一条　为了规范海关行政处罚，保障海关依法行使职权，保护公民、法人或者其他组织的合法权益，根据《中华人民共和国海关法》(以下简称海关法)及其他有关法律的规定，制定本实施条例。

第二条　依法不追究刑事责任的走私行为和违反海关监管规定的行为，以及法律、行政法规规定由海关实施行政处罚的行为的处理，适用本实施条例。

第三条　海关行政处罚由发现违法行为的海关管辖，也可以由违法行为发生地海关管辖。

2个以上海关都有管辖权的案件，由最先发现违法行为的海关管辖。

管辖不明确的案件，由有关海关协商确定管辖，协商不成的，报请共同的上级海关指定管辖。

重大、复杂的案件，可以由海关总署指定管辖。

第四条　海关发现的依法应当由其他行政机关处理的违法行为，应当移送有关行政机关处理；违法行为涉嫌犯罪的，应当移送海关侦查走私犯罪公安机构、地方公安机关依法办理。

第五条　依照本实施条例处以警告、罚款等行政处罚，但不没收进出境货物、物品、运输工具的，不免除有关当事人依法缴纳税款、提交进出口许可证件、办理有关海关手续的义务。

第六条　抗拒、阻碍海关侦查走私犯罪公安机构依法执行职务的，由设在直属海关、隶属海关的海关侦查走私犯罪公安机构依照治安管理处罚的有关规定给予处罚。

抗拒、阻碍其他海关工作人员依法执行职务的，应当报告地方公安机关依法处理。

第二章　走私行为及其处罚

第七条　违反海关法及其他有关法律、行政法规，逃避海关监管，偷逃应纳税款、逃避国家有关进出境的禁止性或者限制性管理，有下列情形之一的，是走私行为：

（一）未经国务院或者国务院授权的机关批准，从未设立海关的地点运输、携带国家禁止或者限制进出境的货物、物品或者依法应当缴纳税款的货物、物品进出境的；

（二）经过设立海关的地点，以藏匿、伪装、瞒报、伪报或者其他方式逃避海关监管，运输、携带、邮寄国家禁止或者限制进出境的货物、物品或者依法应当缴纳税款的货物、物品进出境的；

（三）使用伪造、变造的手册、单证、印章、账册、电子数据或者以其他方式逃避海关监管，擅自将海关监管货物、物品、进境的境外运输工具，在境内销售的；

（四）使用伪造、变造的手册、单证、印章、账册、电子数据或者以伪报加工贸易制成品单位耗料量等方式，致使海关监管货物、物品脱离监管的；

（五）以藏匿、伪装、瞒报、伪报或者其他方式逃避海关监管，擅自将保税区、出口加工区等海关特殊监管区域内的海关监管货物、物品，运出区外的；

（六）有逃避海关监管，构成走私的其他行为的。

第八条　有下列行为之一的，按走私行为论处：

（一）明知是走私进口的货物、物品，直接向走私人非法收购的；

（二）在内海、领海、界河、界湖，船舶及所载人员运输、收购、贩卖国家禁止或者限制进出境的货物、物品，或者运输、收购、贩卖依法应当缴纳税款的货物，没有合法证明的。

第九条　有本实施条例第七条、第八条所列行为之一的，依照下列规定处罚：

（一）走私国家禁止进出口的货物的，没收走私货物及违法所得，可以并处 100 万元以下罚款；走私国家禁止进出境的物品的，没收走私物品及违法所得，可以并处 10 万元以下罚款；

（二）应当提交许可证件而未提交但未偷逃税款，走私国家限制进出境的货物、物品的，没收走私货物、物品及违法所得，可以并处走私货物、物品等值以下罚款；

（三）偷逃应纳税款但未逃避许可证件管理，走私依法应当缴纳税款的货物、物品的，没收走私货物、物品及违法所得，可以并处偷逃应纳税款 3 倍以下罚款。

专门用于走私的运输工具或者用于掩护走私的货物、物品，2 年内 3 次以上用于走私的运输工具或者用于掩护走私的货物、物品，应当予以没收。藏匿走私货物、物品的特制设备、夹层、暗格，应当予以没收或者责令拆毁。使用特制设备、夹层、暗格实施走私的，应当从重处罚。

第十条　与走私人通谋为走私人提供贷款、资金、账号、发票、证明、海关单证的，与走私人通谋为走私人提供走私货物、物品的提取、发运、运输、保管、邮寄或者其他方便的，以走私的共同当事人论处，没收违法所得，并依照本实施条例第九条的规定予以处罚。

第十一条　报关企业、报关人员和海关准予从事海关监管货物的运输、储存、加工、装配、寄售、展示等业务的企业，构成走私犯罪或者1年内有2次以上走私行为的，海关可以撤销其注册登记、取消其报关从业资格。

第三章　违反海关监管规定的行为及其处罚

第十二条　违反海关法及其他有关法律、行政法规和规章但不构成走私行为的，是违反海关监管规定的行为。

第十三条　违反国家进出口管理规定，进出口国家禁止进出口的货物的，责令退运，处100万元以下罚款。

第十四条　违反国家进出口管理规定，进出口国家限制进出口的货物，进出口货物的收发货人向海关申报时不能提交许可证件的，进出口货物不予放行，处货物价值30%以下罚款。

违反国家进出口管理规定，进出口属于自动进出口许可管理的货物，进出口货物的收发货人向海关申报时不能提交自动许可证明的，进出口货物不予放行。

第十五条　进出口货物的品名、税则号列、数量、规格、价格、贸易方式、原产地、启运地、运抵地、最终目的地或者其他应当申报的项目未申报或者申报不实的，分别依照下列规定予以处罚，有违法所得的，没收违法所得：

（一）影响海关统计准确性的，予以警告或者处1000元以上1万元以下罚款；

（二）影响海关监管秩序的，予以警告或者处1000元以上3万元以下罚款；

（三）影响国家许可证件管理的，处货物价值5%以上30%以下罚款；

（四）影响国家税款征收的，处漏缴税款30%以上2倍以下罚款；

（五）影响国家外汇、出口退税管理的，处申报价格10%以上50%以下罚款。

第十六条　进出口货物收发货人未按照规定向报关企业提供所委托报关事项的真实情况，致使发生本实施条例第十五条规定情形的，对委托人依照本实施条例第十五条的规定予以处罚。

第十七条　报关企业、报关人员对委托人所提供情况的真实性未进行合理审查，或者因工作疏忽致使发生本实施条例第十五条规定情形的，可以对报关企业处货物价值10%以下罚款，暂停其6个月以内从事报关业务或者执业；情节严重的，撤销其报关注册登记、取消其报关从业资格。

第十八条　有下列行为之一的，处货物价值5%以上30%以下罚款，有违法所得的，没收违法所得：

（一）未经海关许可，擅自将海关监管货物开拆、提取、交付、发运、调换、改装、抵押、质押、留置、转让、更换标记、移作他用或者进行其他处置的；

（二）未经海关许可，在海关监管区以外存放海关监管货物的；

（三）经营海关监管货物的运输、储存、加工、装配、寄售、展示等业务，有关货物灭失、数量短少或者记录不真实，不能提供正当理由的；

（四）经营保税货物的运输、储存、加工、装配、寄售、展示等业务，不依照规定办理收存、交付、结转、核销等手续，或者中止、延长、变更、转让有关合同不依照规定向海关办理手续的；

（五）未如实向海关申报加工贸易制成品单位耗料量的；

（六）未按照规定期限将过境、转运、通运货物运输出境，擅自留在境内的；

（七）未按照规定期限将暂时进出口货物复运出境或者复运进境，擅自留在境内或者境外的；

（八）有违反海关监管规定的其他行为，致使海关不能或者中断对进出口货物实施监管的。

前款规定所涉货物属于国家限制进出口需要提交许可证件，当事人在规定期限内不能提交许可证件的，另处货物价值30%以下罚款；漏缴税款的，可以另处漏缴税款1倍以下罚款。

第十九条　有下列行为之一的，予以警告，可以处物品价值20%以下罚款，有违法所得的，没收违法所得：

（一）未经海关许可，擅自将海关尚未放行的进出境物品开拆、交付、投递、转移或者进行其他处置的；

（二）个人运输、携带、邮寄超过合理数量的自用物品进出境未向海关申报的；

（三）个人运输、携带、邮寄超过规定数量但仍属自用的国家限制进出境物品进出境，未向海关申报但没有以藏匿、伪装等方式逃避海关监管的；

（四）个人运输、携带、邮寄物品进出境，申报不实的；

（五）经海关登记准予暂时免税进境或者暂时免税出境的物品，未按照规定复带出境或者复带进境的；

（六）未经海关批准，过境人员将其所带物品留在境内的。

第二十条　运输、携带、邮寄国家禁止进出境的物品进出境，未向海关申报但没有以藏匿、伪装等方式逃避海关监管的，予以没收，或者责令退回，或者在海关监管下予以销毁或者进行技术处理。

第二十一条　有下列行为之一的，予以警告，可以处10万元以下罚款，有违法所得的，没收违法所得：

（一）运输工具不经设立海关的地点进出境的；

（二）在海关监管区停留的进出境运输工具，未经海关同意擅自驶离的；

（三）进出境运输工具从一个设立海关的地点驶往另一个设立海关的地点，尚未办结海关手续又未经海关批准，中途改驶境外或者境内未设立海关的地点的；

（四）进出境运输工具到达或者驶离设立海关的地点，未按照规定向海关申报、交验有关单证或者交验的单证不真实的。

第二十二条　有下列行为之一的，予以警告，可以处5万元以下罚款，有违法所得的，没收违法所得：

（一）未经海关同意，进出境运输工具擅自装卸进出境货物、物品或者上下进出境旅客的；

（二）未经海关同意，进出境运输工具擅自兼营境内客货运输或者用于进出境运输以外的其他用途的；

（三）未按照规定办理海关手续，进出境运输工具擅自改营境内运输的；

（四）未按照规定期限向海关传输舱单等电子数据、传输的电子数据不准确或者未按照规定期限保存相关电子数据，影响海关监管的；

（五）进境运输工具在进境以后向海关申报以前，出境运输工具在办结海关手续以后出境以前，不按照交通主管部门或者海关指定的路线行进的；

（六）载运海关监管货物的船舶、汽车不按照海关指定的路线行进的；

（七）进出境船舶和航空器，由于不可抗力被迫在未设立海关的地点停泊、降落或者在境内抛掷、起卸货物、物品，无正当理由不向附近海关报告的；

（八）无特殊原因，未将进出境船舶、火车、航空器到达的时间、停留的地点或者更换的时间、地点事先通知海关的；

（九）不按照规定接受海关对进出境运输工具、货物、物品进行检查、查验的。

第二十三条　有下列行为之一的，予以警告，可以处3万元以下罚款：

（一）擅自开启或者损毁海关封志的；

（二）遗失海关制发的监管单证、手册等凭证，妨碍海关监管的；

（三）有违反海关监管规定的其他行为，致使海关不能或者中断对进出境运输工具、物品实施监管的。

第二十四条　伪造、变造、买卖海关单证的，处5万元以上50万元以下罚款，有违法所得的，没收违法所得；构成犯罪的，依法追究刑事责任。

第二十五条　进出口侵犯中华人民共和国法律、行政法规保护的知识产权的货物的，没收侵权货物，并处货物价值30%以下罚款；构成犯罪的，依法追究刑事责任。

需要向海关申报知识产权状况，进出口货物收发货人及其代理人未按照规定向海关如实申报有关知识产权状况，或者未提交合法使用有关知识产权的证明文件的，可以处5万元以下罚款。

第二十六条　报关企业、报关人员和海关准予从事海关监管货物的运输、储存、加工、装配、寄售、展示等业务的企业，有下列情形之一的，责令改正，给予警告，可以暂停其6个月以内从事有关业务或者执业：

（一）拖欠税款或者不履行纳税义务的；

（二）报关企业出让其名义供他人办理进出口货物报关纳税事宜的；

（三）损坏或者丢失海关监管货物，不能提供正当理由的；

（四）有需要暂停其从事有关业务或者执业的其他违法行为的。

第二十七条　报关企业、报关人员和海关准予从事海关监管货物的运输、储存、加工、装配、寄售、展示等业务的企业，有下列情形之一的，海关可以撤销其注册登记、取消其报关从业资格：

（一）1年内3人次以上被海关暂停执业的；

（二）被海关暂停从事有关业务或者执业，恢复从事有关业务或者执业后1年内再次发生本实施条例第二十六条规定情形的；

（三）有需要撤销其注册登记或者取消其报关从业资格的其他违法行为的。

第二十八条　报关企业、报关人员非法代理他人报关或者超出海关准予的从业范围进行报关活动的，责令改正，处5万元以下罚款，暂停其6个月以内从事报关业务或者执业；情节严重的，撤销其报关注册登记、取消其报关从业资格。

第二十九条　进出口货物收发货人、报关企业、报关人员向海关工作人员行贿的，撤销其报关注册登记、取消其报关从业资格，并处10万元以下罚款；构成犯罪的，依法追究刑事责任，并不得重新注册登记为报关企业和取得报关从业资格。

第三十条　未经海关注册登记和未取得报关从业资格从事报关业务的，予以取缔，没收违法所得，可以并处10万元以下罚款。

第三十一条　提供虚假资料骗取海关注册登记、报关从业资格的，撤销其注册登记、取消其报关从业资格，并处30万元以下罚款。

第三十二条　法人或者其他组织有违反海关法的行为，除处罚该法人或者组织外，对其主管人员和直接责任人员予以警告，可以处5万元以下罚款，有违法所得的，没收违法所得。

第四章　对违反海关法行为的调查

第三十三条　海关发现公民、法人或者其他组织有依法应当由海关给予行政处罚的行为的，应当立案调查。

第三十四条　海关立案后，应当全面、客观、公正、及时地进行调查、收集证据。

海关调查、收集证据，应当按照法律、行政法规及其他有关规定的要求办理。

海关调查、收集证据时，海关工作人员不得少于2人，并应当向被调查人出示证件。

调查、收集的证据涉及国家秘密、商业秘密或者个人隐私的，海关应当保守秘密。

第三十五条　海关依法检查走私嫌疑人的身体，应当在隐蔽的场所或者非检查人员的视线之外，由2名以上与被检查人同性别的海关工作人员执行。

走私嫌疑人应当接受检查，不得阻挠。

第三十六条　海关依法检查运输工具和场所，查验货物、物品，应当制作检查、查验记录。

第三十七条　海关依法扣留走私犯罪嫌疑人，应当制发扣留走私犯罪嫌疑人决定书。对走私犯罪嫌疑人，扣留时间不超过24小时，在特殊情况下可以延长至48小时。

海关应当在法定扣留期限内对被扣留人进行审查。排除犯罪嫌疑或者法定扣留期限届满的，应当立即解除扣留，并制发解除扣留决定书。

第三十八条　下列货物、物品、运输工具及有关账册、单据等资料，海关可以依法扣留：

（一）有走私嫌疑的货物、物品、运输工具；

（二）违反海关法或者其他有关法律、行政法规的货物、物品、运输工具；

（三）与违反海关法或者其他有关法律、行政法规的货物、物品、运输工具有牵连的账册、单据等资料；

（四）法律、行政法规规定可以扣留的其他货物、物品、运输工具及有关账册、单据等资料。

第三十九条　有违法嫌疑的货物、物品、运输工具无法或者不便扣留的，当事人或者运输工具负责人应当向海关提供等值的担保，未提供等值担保的，海关可以扣留当事人等值的其他财产。

第四十条　海关扣留货物、物品、运输工具以及账册、单据等资料的期限不得超过1年。因案件调查需要，经直属海关关长或者其授权的隶属海关关长批准，可以延长，延长期限不得超过1年。但复议、诉讼期间不计算在内。

第四十一条　有下列情形之一的，海关应当及时解除扣留：

（一）排除违法嫌疑的；

（二）扣留期限、延长期限届满的；

（三）已经履行海关行政处罚决定的；

（四）法律、行政法规规定应当解除扣留的其他情形。

第四十二条　海关依法扣留货物、物品、运输工具、其他财产以及账册、单据等资料，应当制发海关扣留凭单，由海关工作人员、当事人或者其代理人、保管人、见证人签字或者盖章，并可以加施海关封志。加施海关封志的，当事人或者其代理人、保管人应当妥善保管。

海关解除对货物、物品、运输工具、其他财产以及账册、单据等资料的扣留，或者发还等值的担保，应当制发海关解除扣留通知书、海关解除担保通知书，并由海关工作人员、当事人或者其代理人、保管人、见证人签字或者盖章。

第四十三条　海关查问违法嫌疑人或者询问证人，应当个别进行，并告知其权利和作伪证应当承担的法律责任。违法嫌疑人、证人必须如实陈述、提供证据。

海关查问违法嫌疑人或者询问证人应当制作笔录，并当场交其辨认，没有异议的，立即签字确认；有异议的，予以更正后签字确认。

严禁刑讯逼供或者以威胁、引诱、欺骗等非法手段收集证据。

海关查问违法嫌疑人，可以到违法嫌疑人的所在单位或者住处进行，也可以要求其到海关或者海关指定的地点进行。

第四十四条　海关收集的物证、书证应当是原物、原件。收集原物、原件确有困难的，可以拍摄、复制，并可以指定或者委托有关单位或者个人对原物、原件予以妥善保管。

海关收集物证、书证，应当开列清单，注明收集的日期，由有关单位或者个人确认后签字或者盖章。

海关收集电子数据或者录音、录像等视听资料，应当收集原始载体。收集原始载体确有困难的，可以收集复制件，注明制作方法、制作时间、制作人等，并由有关单位或者个人确认后签字或者盖章。

第四十五条　根据案件调查需要，海关可以对有关货物、物品进行取样化验、鉴定。

海关提取样品时，当事人或者其代理人应当到场；当事人或者其代理人未到场的，海关应当邀请见证人到场。提取的样品，海关应当予以加封，并由海关工作人员及当事人或者其代理人、见证人确认后签字或者盖章。

化验、鉴定应当交由海关化验鉴定机构或者委托国家认可的其他机构进行。

化验人、鉴定人进行化验、鉴定后，应当出具化验报告、鉴定结论，并签字或者盖章。

第四十六条　根据海关法有关规定，海关可以查询案件涉嫌单位和涉嫌人员在金融机构、邮政企业的存款、汇款。

海关查询案件涉嫌单位和涉嫌人员在金融机构、邮政企业的存款、汇款，应当出示海关协助查询通知书。

第四十七条　海关依法扣留的货物、物品、运输工具，在人民法院判决或者海关行政处罚决定作出之前，不得处理。但是，危险品或者鲜活、易腐、易烂、易失效、易变质等不宜长期保存的货物、物品以及所有人申请先行变卖的货物、物品、运输工具，经直属海关关长或者其授权的隶属海关关长批准，可以先行依法变卖，变卖所得价款由海关保存，并通知其所有人。

第四十八条　当事人有权根据海关法的规定要求海关工作人员回避。

第五章　海关行政处罚的决定和执行

第四十九条　海关作出暂停从事有关业务、暂停报关执业、撤销海关注册登记、取消报关从业资格、对公民处 1 万元以上罚款、对法人或者其他组织处 10 万元以上罚款、没收有关货物、物品、走私运输工具等行政处罚决定之前，应当告知当事人有要求举行听证的权利；当事人要求听证的，海关应当组织听证。

海关行政处罚听证办法由海关总署制定。

第五十条　案件调查终结，海关关长应当对调查结果进行审查，根据不同情况，依法作出决定。

对情节复杂或者重大违法行为给予较重的行政处罚，应当由海关案件审理委员会集体讨论决定。

第五十一条　同一当事人实施了走私和违反海关监管规定的行为且二者之间有因果关系的，依照本实施条例对走私行为的规定从重处罚，对其违反海关监管规定的行为不再另行处罚。

同一当事人就同一批货物、物品分别实施了 2 个以上违反海关监管规定的行为且二者之间有因果关系的，依照本实施条例分别规定的处罚幅度，择其重者处罚。

第五十二条　对 2 个以上当事人共同实施的违法行为，应当区别情节及责任，分别给予处罚。

第五十三条　有下列情形之一的，应当从重处罚：

（一）因走私被判处刑罚或者被海关行政处罚后在 2 年内又实施走私行为的；

（二）因违反海关监管规定被海关行政处罚后在 1 年内又实施同一违反海关监管规定的行为的；

（三）有其他依法应当从重处罚的情形的。

第五十四条　海关对当事人违反海关法的行为依法给予行政处罚的，应当制作行政处罚决定书。

对同一当事人实施的 2 个以上违反海关法的行为，可以制发 1 份行政处罚决定书。

对 2 个以上当事人分别实施的违反海关法的行为，应当分别制发行政处罚决定书。

对 2 个以上当事人共同实施的违反海关法的行为，应当制发 1 份行政处罚决定书，区别情况对各当事人分别予以处罚，但需另案处理的除外。

第五十五条　行政处罚决定书应当依照有关法律规定送达当事人。

依法予以公告送达的，海关应当将行政处罚决定书的正本张贴在海关公告栏内，并在报纸上刊登公告。

第五十六条　海关作出没收货物、物品、走私运输工具的行政处罚决定，有关货物、物品、走私运输工具无法或者不便没收的，海关应当追缴上述货物、物品、走私运输工具的等值价款。

第五十七条　法人或者其他组织实施违反海关法的行为后，有合并、分立或者其他资产重组情形的，海关应当以原法人、组织作为当事人。

对原法人、组织处以罚款、没收违法所得或者依法追缴货物、物品、走私运输工具的等值价款的，应当以承受其权利义务的法人、组织作为被执行人。

第五十八条　罚款、违法所得和依法追缴的货物、物品、走私运输工具的等值价款，应当在海关行政处罚决定规定的期限内缴清。

当事人按期履行行政处罚决定、办结海关手续的，海关应当及时解除其担保。

第五十九条　受海关处罚的当事人或者其法定代表人、主要负责人应当在出境前缴清罚款、违法所得和依法追缴的货物、物品、走私运输工具的等值价款。在出境前未缴清上述款项的，应当向海关提供相当于上述款项的担保。未提供担保，当事人是自然人的，海关可以通知出境管理机关阻止其出境；当事人是法人或者其他组织的，海关可以通知出境管理机关阻止其法定代表人或者主要负责人出境。

第六十条　当事人逾期不履行行政处罚决定的，海关可以采取下列措施：

（一）到期不缴纳罚款的，每日按罚款数额的 3% 加处罚款；

（二）根据海关法规定，将扣留的货物、物品、运输工具变价抵缴，或者以当事人提供的担保抵缴；

（三）申请人民法院强制执行。

第六十一条　当事人确有经济困难，申请延期或者分期缴纳罚款的，经海关批准，可以暂缓或者分期缴纳罚款。

当事人申请延期或者分期缴纳罚款的，应当以书面形式提出，海关收到申请后，应当在10个工作日内作出决定，并通知申请人。海关同意当事人暂缓或者分期缴纳的，应当及时通知收缴罚款的机构。

第六十二条　有下列情形之一的，有关货物、物品、违法所得、运输工具、特制设备由海关予以收缴：

（一）依照《中华人民共和国行政处罚法》第二十五条、第二十六条规定不予行政处罚的当事人携带、邮寄国家禁止进出境的货物、物品进出境的；

（二）散发性邮寄国家禁止、限制进出境的物品进出境或者携带数量零星的国家禁止进出境的物品进出境，依法可以不予行政处罚的；

（三）依法应当没收的货物、物品、违法所得、走私运输工具、特制设备，在海关作出行政处罚决定前，作为当事人的自然人死亡或者作为当事人的法人、其他组织终止，且无权利义务承受人的；

（四）走私违法事实基本清楚，但当事人无法查清，自海关公告之日起满3个月的；

（五）有违反法律、行政法规，应当予以收缴的其他情形的。

海关收缴前款规定的货物、物品、违法所得、运输工具、特制设备，应当制发清单，由被收缴人或者其代理人、见证人签字或者盖章。被收缴人无法查清且无见证人的，应当予以公告。

第六十三条　人民法院判决没收的走私货物、物品、违法所得、走私运输工具、特制设备，或者海关决定没收、收缴的货物、物品、违法所得、走私运输工具、特制设备，由海关依法统一处理，所得价款和海关收缴的罚款，全部上缴中央国库。

第六章　附　　则

第六十四条　本实施条例下列用语的含义是：

“设立海关的地点”，指海关在港口、车站、机场、国界孔道、国际邮件互换局（交换站）等海关监管区设立的卡口，海关在保税区、出口加工区等海关特殊监管区域设立的卡口，以及海关在海上设立的中途监管站。

“许可证件”，指依照国家有关规定，当事人应当事先申领，并由国家有关主管部门颁发的准予进口或者出口的证明、文件。

“合法证明”，指船舶及所载人员依照国家有关规定或者依照国际运输惯例所必须持有的证明其运输、携带、收购、贩卖所载货物、物品真实、合法、有效的商业单证、运输单证及其他有关证明、文件。

“物品”，指个人以运输、携带等方式进出境的行李物品、邮寄进出境的物品，包括货币、金银等。超出自用、合理数量的，视为货物。

“自用”，指旅客或者收件人本人自用、馈赠亲友而非为出售或者出租。

“合理数量”，指海关根据旅客或者收件人的情况、旅行目的和居留时间所确定的正常数量。

“货物价值”，指进出口货物的完税价格、关税、进口环节海关代征税之和。

“物品价值”，指进出境物品的完税价格、进口税之和。

“应纳税款”，指进出口货物、物品应当缴纳的进出口关税、进口环节海关代征税之和。

“专门用于走私的运输工具”，指专为走私而制造、改造、购买的运输工具。

“以上”、“以下”、“以内”、“届满”，均包括本数在内。

第六十五条　海关对外国人、无国籍人、外国企业或者其他组织给予行政处罚的，适用本实施条例。

第六十六条　国家禁止或者限制进出口的货物目录，由国务院对外贸易主管部门依照《中华人民共和国对外贸易法》的规定办理；国家禁止或者限制进出境的物品目录，由海关总署公布。

第六十七条　依照海关规章给予行政处罚的，应当遵守本实施条例规定的程序。

第六十八条　本实施条例自2004年11月1日起施行。1993年2月17日国务院批准修订、1993年4月1日海关总署发布的《中华人民共和国海关法行政处罚实施细则》同时废止。

参考文献

[1] 白雪燕．报关员资格全国统一考试教材(2012年版)[M]. 北京：中国海关出版社，2012.

[2] 韦昌鑫，韩斌．报关与报检实务[M]. 北京：高等教育出版社，2012.

[3] 李洁，王慧．报关实务[M].2版．广州：华南理工大学出版社，2011.

[4] 罗兴武．报关实务[M]. 北京：机械工业出版社，2012.

[5] 报关员资格全国统一考试辅导用书编审委员会．报关员资格全国统一考试重难点快速记忆手册[M]. 北京：机械工业出版社，2012.

[6] 报关员资格全国统一考试辅导用书编写组．报关员资格全国统一考试同步辅导与强化训练习题集[M]. 北京：中国人民大学出版社，2012.

[7] 郑俊田，徐晨，刘文丽．报关员考试分章练习与模拟试题(上册)[M]. 北京：对外经济贸易大学出版社，2012.

[8] 鲁丹萍，陈国雄．报关实务[M].2版．北京：清华大学出版社，2012.

[9] 张援越，张鸿坤，栗华卿．报关与国际货运综合实训[M].2版．北京：中国海关出版社，2011.

[10] 曲如晓．报关实务[M]. 北京：机械工业出版社，2013.

[11] 张援越，荣瑾．进出口商品归类操作实务[M].2版．北京：中国海关出版社，2011.

[12] 林青．进出口商品归类实务(2012年修订版)[M]. 北京：中国海关出版社，2013.